N&K

Titel der Originalausgabe:
Noi, bambine ad Auschwitz:
La nostra storia di sopravvissute alla Shoah
©2019 Mondadori Libri S.p.A., Milano

1. Auflage 2020

© der deutschsprachigen Ausgabe:
2020 Nagel & Kimche
in der MG Medien Verlags GmbH, München
Umschlaggestaltung: JournalMedia GmbH,
unter Verwendung eines Fotos
von Andra und Tatiana Bucci
Fotos Seite 97-104: © privat, Andra und Tatiana Bucci
Satz: JournalMedia GmbH, Susanne Tauber
gesetzt aus der Minion Pro
Druck und Bindung: GGP Media GmbH

ISBN 978-3-312-01172-8

Printed in Germany

DIE ÜBERLEBENSGESCHICHTE
ZWEIER SCHWESTERN

Andra und Tatiana Bucci
WIR, MÄDCHEN IN AUSCHWITZ

Aus dem Italienischen von
Ulrike Schimming

NAGEL & KIMCHE

Wir, Mädchen in Auschwitz

Wir widmen dieses Buch allen Kindern von Auschwitz,
den wenigen, die – wie wir – überlebt haben,
und den vielen, die es nicht geschafft haben.

Mein Name ist **LILIANA BUCCI**,
aber alle nennen mich Tatiana.
Ich wurde am 19. September 1937 in Fiume geboren
und bin eines der wenigen Mädchen,
die das Vernichtungslager Auschwitz überlebt haben.

Ich bin **ALESSANDRA BUCCI**,
aber schon immer werde ich Andra gerufen.
Ich wurde am 1. Juli 1939 in Fiume geboren
und bin wie meine Schwester Tati eines der
wenigen Mädchen, die das Vernichtungslager
Auschwitz überlebt haben.

Eine sehr lange Geschichte

Von Russland nach Fiume

Unsere Geschichte beginnt vor sehr langer Zeit. Giovanni Bucci, unser Vater, wurde in Fiume in einer katholischen Familie mit istrischen Wurzeln geboren. 1928 lernte er unsere Mutter, Mira Perlow, kennen. Die beiden verliebten sich und heirateten sieben Jahre später. Mira, 1908 in einer jüdischen Familie geboren, kam als kleines Mädchen nach Fiume. Ihre Eltern waren Moise Perlow und seine Frau Rosa, unsere geliebte Großmutter, mit der wir aufgewachsen sind, bis Auschwitz sie uns genommen hat. Großmutter Rosa wurde 1883 in der Familie Farberow geboren, die damals im Dorf Vidrinka lebte, an der Grenze zwischen der Ukraine und Russland. Vidrinka gehörte damals zu Russland, so geht es aus den Ausweisen von Rosa und ihrer Tochter Mira hervor. Daher sprach unsere Großmutter als Kind Russisch (und natürlich Jiddisch).

Um 1910 – das genaue Jahr wissen wir nicht – heiratete Großmutter Moise Perlow. Wegen der vielen Pogrome, die zu jener Zeit in Osteuropa an Juden verübt wurden, verließ die Familie Vidrinka. So begann Anfang des 20. Jahrhunderts, kurz vor Ausbruch des Ersten Weltkrieges, die lange Irrfahrt unserer Familie nach Westeuropa, eine nicht immer einfache Reise über Grenzen hinweg und durch Länder, deren Völker den Juden oftmals feindselig gegenüberstanden. Auf den Pferdewagen saßen die verschiedenen Generationen, angefangen bei unseren Urgroßeltern Lazzaro und Lea Schwarzman – vor Jahren entdeckten wir ihr Grab auf dem jüdischen Friedhof in Fiume – und ihren Kindern: unsere Großmutter Rosa mit ihrem Ehemann Moise Perlow; Großtante Rebecca mit ihrem Ehemann Salomon Plotkin; und eine ganze Schar an Kindern und Enkeln, Neffen und Nichten, Cousins und Cousinen.

Diese Großfamilie lebte eine Weile in Ungarn, wo einige Verwandte von Rosas Ehemann eine Bonbonfabrik besaßen oder zumindest leiteten. Doch man blieb nur kurz, denn schon bald beschloss die Karawane weiterzuziehen. Vielleicht dachten sie, sie könnten möglicherweise in Etappen nach Palästina ziehen, oder sie suchten einfach nur nach neuen Möglichkeiten. Schließlich zog die Familie nach Fiume, dem heutigen Rijeka in Kroatien. Diese Stadt hatten sie sich wegen ihrer Lage am Meer als Ziel ausgesucht. So jedenfalls hat es uns Tante Gisella immer erzählt, die sich an jene Tage gut erinnerte, obwohl sie selbst noch ein Kind gewesen war. Es war eine endlose Reise, sagte sie immer.

Noch bevor der Erste Weltkrieg die Landkarten des alten Kontinents für immer verändern, Grenzen und nationale Zugehörigkeiten verschieben sowie Reiche verschwinden lassen sollte, gelangten die Perlows also von Russland nach Fiume. Hier trennte sich unsere Familie zum ersten Mal, was zur damaligen Zeit eigentlich nichts Ungewöhnliches war. Die Plotkins wanderten nämlich von Fiume nach Amerika aus. Zuerst Onkel Salomon, später seine Frau und ihre Kinder. Sie machten in New York ihr Glück. Allerdings verloren wir nach dem Zweiten Weltkrieg, nach dem Tod von Großmutter Rosa und später nach dem Tod unserer Tanten den Kontakt zu unseren amerikanischen Verwandten.

Wir haben sie erst vor ein paar Jahren beinahe zufällig wiedergefunden, als Andras Tochter Sonia im Internet unseren Familienstammbaum zu rekonstruieren versuchte. Amerikanische Nachfahren der Plotkins schrieben sie an: »Könnte es sein, dass wir vielleicht verwandt sind?«

Von den sechs Geschwistern, die Russland verlassen hatten, waren nur unsere Großeltern in Fiume geblieben, alle anderen gingen in die USA. Großmutter Rosa jedoch wollte ihre Kinder auf einfache, aber anständige Weise in Fiume großziehen. Sie bekam Hilfe von der jüdischen Gemeinde der Stadt und von den amerikanischen Verwandten, die hin und wieder etwas schickten.

Fiume gehörte bis 1919 zur österreichisch-ungarischen Monarchie und von 1924 bis 1945 zu Italien, abgesehen von einer kurzen Zeitspanne nach Ende des Ersten Weltkriegs. Wir kamen Ende der 1930er-Jahre auf die Welt und fühlten uns seit jeher als Italienerinnen, doch in gewisser Weise sind unsere Leben mit dem Untergang der großen Königreiche verbunden.

Großmutter Rosa war überaus religiös. Sie ging regelmäßig in die Synagoge, bis die Nazis das Gebäude im Januar 1944 in Brand steckten. In Fiume konnten die Bewohner ihre Religion eigentlich ungestört praktizieren. Österreich-Ungarn hatte zwar Tausende von Nachteilen, aber auch diese Besonderheit: Es ließ den Menschen ihre Nachnamen, es zwang sie nicht, glaubenskonform zu heiraten, und alle durften ihren Glauben frei ausüben. Katholiken, Juden, Muslime, Orthodoxe, Protestanten wuchsen gemeinsam auf. Die Ressentiments und die Diskriminierungen, die es trotz allem zwischen den Menschen gab (sie existierten leider seit jeher), gingen niemals von den Herrschenden aus. Im Gegenteil. Diese Tatsache ist sehr wichtig, denn nur so konnte Großmutter ihre Kinder in Freiheit aufziehen. Wir vermuten, dass sie aus diesem Grund in Fiume blieb. Die Atmosphäre in Russland, das Familie Perlow verlassen hatte, war von Angst geprägt: Juden wurden dort verfolgt, und wer Sicherheit und Frieden finden wollte, musste fliehen. Das war in Fiume anders.

In Österreich-Ungarn herrschte damals noch die besondere Stimmung, die Mitteleuropa in den ersten Jahren des 20. Jahrhunderts prägte. Zwar besaß dieses Land viele Nachteile und Einschränkungen, doch unsere Familie konnte sich dort niederlassen und frei fühlen.

Unsere Mutter Mira wuchs in einem kulturell offenen Klima auf. Dieses Erbe hat sie uns weitergegeben: Mama hat uns durch ihre Erziehung Toleranz und Respekt beigebracht. Sie hat uns gelehrt, die Dinge und unser Leben offen zu betrachten. Auf diesen Prinzipien hat sie auch später bestanden, trotz all der Dinge, die wir während der Verfolgung durch die Nationalsozialisten erleben mussten. Es war eine sehr wichtige Lehre, die nicht nur unseren Charakter geformt, sondern uns zu denen gemacht hat, die wir heute sind: Weltbürgerinnen und nicht nur Italienerinnen.

In der großen Wohnung in Fiume lebte Großmutter Rosa mit ihren sechs Kindern: Sonia, Gisella, Aaron, unsere Mutter Mira, Paola und Giuseppe, genannt Jossi. Alle waren zwischen 1902 (Tante Sonia) und 1913 (Onkel Jossi) geboren. Sie wuchsen wie ganz gewöhnliche Menschen auf, mit Zielen, Wünschen, Problemen und Widersprüchlichkeiten. Onkel Aaron beispielsweise war sehr fromm, im Gegensatz zu unserer Mutter, die nur an den höchsten Feiertagen in die Synagoge ging oder wenn Großmutter sie darum bat. Außer Mama und Tante Gisella wurden alle unseren Verwandten von den Nazis umgebracht.

Mama lernte unseren Vater also 1928 kennen. Giovanni, genannt Nino, war am 24. Juni 1906 in Fiume geboren worden und somit zwei Jahre älter als sie. Papa war eine außergewöhnliche Persönlichkeit. Er war ein schöner und sehr liebevoller Mann. Seine Familie hatte istrische Wurzeln: Ursprünglich lautete ihr Nachname Bucich, der 1938 durch eine weitere Fügung der Geschichte, der unsere Familie ausgesetzt war, in Bucci italianisiert wurde.

Seine Mutter, unsere Großmutter väterlicherseits, hieß Maria Salomon. Sie war katholisch, hatte aber vermutlich ebenfalls jüdische Wurzeln. Großmutter Maria betrieb eine Osteria, weshalb unser Vater das Kochen lernte. Ihren Ehemann, Großvater Tommaso, haben wir nie kennengelernt. Er war Seemann und starb während eines Holztransportes in der Straße von Messina, als Großmutter mit ihrem letzten Kind schwanger war. Papa hatte einen Bruder, Tommaso, der als Elektriker arbeitete, und eine Schwester, Antonietta, genannt Tante Tonci. Sie kam um 1919 auf die Welt, und wir waren ihr lange sehr verbunden.

Großmutter Maria war praktizierende Katholikin, vielleicht liebte sie uns deshalb nicht besonders: Sie hat die Ehe zwischen Papa und Mama nie akzeptiert. Eine jüdische Frau in ihrer Familie! Das gab sie uns bei vielen Gelegenheiten zu verstehen.

Unsere Eltern haben sich am Fuß des Uhrturms in Fiume kennengelernt, einem beliebten Treffpunkt der Jugend in jener Zeit. Vielleicht ist er es heute auch noch. Vor ihrer Hochzeit waren sie sieben Jahre verlobt. Papa arbeitete in einer Konditorei und spielte Fußball im Sportverein Fiumana und der italienischen Nationalmannschaft der Wehrpflichtigen. Er sagte immer, dass er auch für Bologna hätte spielen können, damals eine der besten Mannschaften Italiens. Doch das Leben hatte andere Pläne mit ihm, denn er heuerte als Koch auf einem Schiff an. Er liebte Schiffe. Und er liebte das Meer über alles. Noch in den letzten Jahren seines Lebens, als er bereits im Ruhestand war, ging er immer gleich nach dem Aufstehen auf den Balkon und blickte aufs Meer. Das war das Erste, was er am Tag unternahm.

Viele Jahre lang fuhr er auf den Handelsschiffen der Triestiner Lloyd zur See. Er segelte Richtung Osten: nach Afrika, dann durch den Sueskanal bis nach Indien. Dieser Beruf, diese Leidenschaft begleiteten ihn sein ganzes Leben lang. Während er auf See war, schrieb er Mama und uns immer viele Briefe. Diese Angewohnheit hatte er schon vor dem Krieg und nahm sie danach wieder auf, als er erneut zur See fuhr.

Erinnerungen an ihn vor dem Krieg haben wir nicht. Zum einen waren wir dafür noch zu klein, zum anderen war er ständig unterwegs und kam bereits in den ersten Monaten des Zweiten Weltkriegs in Gefangenschaft. 1940, als Italien in den Konflikt eingriff, segelte er gerade vor Südafrika. Sein Schiff, die *Timavo*, wurde vom Kapitän versenkt, damit die Engländer es nicht beschlagnahmen konnten. Obwohl Papa Zivilist und kein Soldat war, wurde er mit den anderen Italienern in das Gefangenenlager von Koffiefontein in der Nähe von Johannesburg gebracht. Dort blieb er bis 1945. Im Lager kümmerte er sich um die Mensa und kochte. Von unserer Deportation erfuhr er, während er selbst Gefangener war. Seine Familie schrieb ihm von unserem Schicksal. Wer weiß, was er beim Lesen dieses Briefes gedacht und empfunden hat.

Wir waren damals noch sehr klein. Doch in unserer Familie hatten alle ein sehr inniges Verhältnis zueinander. In den Jahren vor unserer Deportation, während Papa in Gefangenschaft war, ließ Mama uns jeden Abend ihr Hochzeitsfoto küssen. Sie zeigte auf unseren Vater und sagte: »Denkt immer an euren lieben Papa.« Genau dieses Ritual und dieses Foto hat uns später, nachdem der Horror von Auschwitz überstanden war, wieder nach Hause geführt.

1938: die Familie und die Rassengesetze

An unsere frühe Kindheit in Fiume haben wir einige wenige sehr klare Erinnerungen, aber auch andere, ziemlich verschwommene. Viele Dinge haben uns Mama und Tante Gisella später erzählt. Wenn wir heute daran denken, sehen wir aber sofort die Räumlichkeiten unserer Wohnung vor uns: einen langen Korridor, von dem die verschiedenen Zimmer abgingen. Wir lebten alle zusammen in der Via Milano 15, im Erdgeschoss: wir beide, Mama, Papa, wenn er nicht zur See fuhr, Oma Rosa, Onkel Jossi und unser Cousin Mario, der Sohn von Tante Sonia. Er war etwa zehn Jahre älter als wir und 1928 geboren. Als Tante Sonia wegen ihrer Arbeit nach Triest zog, blieb Mario bei Oma Rosa.

In Fiume hatte Mama eine Lehre als Schneiderin gemacht, Tante Gisella war Hutmacherin und Onkel Jossi Friseur geworden. Mama hatte ein sehr enges Verhältnis zu Tante Gisella, die 1937 Edoardo De Simone heiratete. Sie und Edoardo hatten sich ebenfalls in Fiume kennengelernt. Doch Tante Gisella zog nach

Neapel zu ihrem Mann, der wie Papa auf einem Schiff arbeitete. Noch im selben Jahr wurde unser Cousin Sergio geboren.

Oma Rosa besuchte – wie bereits erwähnt – zwar regelmäßig die Synagoge und die Gemeinde, doch war sie deshalb nicht engstirnig oder weniger offen gegenüber anderen. Ganz im Gegenteil. Sie war eine ziemlich intelligente Frau, und obwohl sie sehr gläubig war, hatte sie anders als Oma Maria nichts dagegen, dass ihre beiden Töchter, Mira und Gisella, Katholiken heirateten.

Unsere Familie war nicht reich, aber wir führten ein anständiges Leben. Wir waren immer gut gekleidet, auch weil Mama als Schneiderin viel daran lag, dass wir ordentlich und gepflegt herumliefen. Die schönen Mäntel, die wir auf dem Foto mit Sergio tragen, hat sie uns genäht. Sie hatte sich gut in der Stadt eingelebt, hatte viele Freundinnen – die meisten außerhalb der jüdischen Gemeinde –, die ihr auch nach dem Erlass der Rassengesetze von 1938 zur Seite standen. Es ist also kein Zufall, dass sie unseren Vater geheiratet hat, einen Atheisten aus einer katholischen Familie. Die beiden wurden standesamtlich getraut.

Im Sommer fuhren wir mit Mama und Oma ans Meer. Immer an denselben Kieselstrand, gleich hinter der Stadtgrenze. An unseren Geburtstagen feierten wir ein Fest: Jedes Jahr ließ Mama eine Fotografie von uns machen und notierte auf der Rückseite das Datum. Ihr gefiel das. Sie hatte eine Schwäche für Fotografie. Diese Tradition, unsere Geburtstage im Bild festzuhalten, als wären es wichtige Ereignisse, hat Tati später viele Jahre mit ihren Söhnen weitergeführt. Damals jedoch hat ein Fotograf die offiziellen Geburtstagsfotos von uns gemacht. Für diesen Anlass zog

Mama uns immer wunderschön an: Es war ein besonderes Ereignis.

Als geschickte Schneiderin hat sie außerdem immer alles ausgebessert und umgearbeitet. Auch nach dem Krieg, als unsere amerikanische Verwandten Pakete voller Stoffe und Kleidungsstücke schickten, hat Mama alles für unsere Bedürfnisse zugeschnitten und umgenäht. Einmal fanden wir in einem Paket Papiertaschentücher, und wir Mädchen sagten: »Ach, die Amerikaner müssen ja wirklich arm sein, dass sie sich nicht einmal Stofftaschentücher leisten können!«

Wir führten also ein ganz normales Leben, jedenfalls bis 1938, als sich um uns herum alles ganz rasch wandelte. Zuerst kamen die Rassengesetze, dann der Krieg und die Deportation – und veränderten alles. Für immer.

Das erste Zeichen war die Italianisierung unseres Nachnamens. Papa wurde zu seinem Chef gerufen, der ihn zwang, seinen Namen von Bucich in Bucci zu ändern. Anderenfalls hätte er nicht wieder auf dem Schiff anheuern dürfen. Es war die erste, unmittelbare Folge der Italianisierungspolitik, die Istrien von dem faschistischen Regime aufgezwungen wurde.

Man forderte Papa zudem auf, in die faschistische Partei einzutreten. Für ihn als Sozialisten war es eine unglaubliche Zumutung, zu den Faschisten wechseln zu sollen (später nannte er sich »Nennianer«, einen Anhänger des Sozialisten Pietro Nenni). Doch wie so viele andere hatte auch er keine Wahl: Er musste schließlich eine Familie ernähren. Es war ein Zeichen für eine unaufhaltsame Entwicklung.

Das zweite Zeichen dafür, dass sich die Zeiten grundlegend änderten, war die Taufe von Mama. Der Erlass der Rassengesetze stand kurz bevor, und mit einem Mal wurde Italien zu einem feindlich gesinnten Land. Daher beschloss sie, sich selbst und Tatiana im August 1938 taufen zu lassen. Andra wurde gleich nach ihrer Geburt getauft: Es war der verzweifelte Versuch, uns vor dem Lauf der Geschichte – die Gesetze traten im September 1938 in Kraft – und der wachsenden Feindseligkeit gegenüber den jüdischen Gemeinden in Italien zu bewahren.

Mit den Gesetzen von 1938 veränderte sich auch das Leben in unserer Familie. Alle unsere Onkel verloren ihre Arbeit, und Tante Sonia musste aus Triest wieder zu uns ziehen. Unser Cousin Mario wurde von der öffentlichen Schule verwiesen und musste ein Lehrinstitut der jüdischen Gemeinde von Fiume besuchen.

Tatiana hingegen konnte noch in den Kindergarten gehen, was wir nur durch ein paar Fotos wissen, denn wir haben nur sehr wenige Erinnerungen an jene Zeit. Tati weiß aber noch, dass sie an einem Nachmittag ununterbrochen weinte, weil Mama sie ein bisschen zu spät vom Kindergarten abgeholt hatte.

Die Stimmung zu Hause wandelte sich schnell, und wir erlebten schwierige Monate. Aber eigentlich waren wir das schon gewohnt: Unsere Familie wurde erneut verfolgt. Wir werden nie vergessen, dass Mussolini selbst die Rassengesetze verkündete und zwar in Triest, quasi gleich um die Ecke von unserem Zuhause in Fiume. Es war, als würden wir von einem Wirbel mitgerissen, aus dem es kein Entkommen gab. Dabei wussten wir damals noch nicht, dass die Zukunft noch viel schlimmer und dramatischer werden sollte – und dass Mamas Versuch, uns mithilfe der Taufe zu retten, vergeblich gewesen war.

Inzwischen war der Krieg nun auch in Italien angekommen. Wie bei allen fehlten auch bei uns die Nahrungsmittel, und wir kämpften mit den Problemen, die der Konflikt in Europa mit sich brachte: Inflation, Rationierung, Schwarzmarkt. Mit Papas Lohn, der zum Glück weiter gezahlt wurde, obwohl er weit weg und in Kriegsgefangenschaft war, konnten wir gerade so eben überleben.

Nach dem 8. September 1943, dem Waffenstillstandsabkommen zwischen den Alliierten und Italien, veränderte sich die Lage noch ein weiteres Mal: Fiume wurde zusammen mit den Provinzen Udine, Triest, Gorizia, Pula und Ljubljana zur Operationszone Adriatisches Küstenland vereint und einer deutschen Militärverwaltung unterstellt. Im Chaos und Durcheinander des Herbstes 1943 verpasste Tati die Aufnahme in die erste Klasse. Wir erinnern uns noch gut, wie wir im Winter 1943/44, vor unserer Verhaftung, immer in die Schutzräume gerannt sind. Dort gab es einen Soldaten, der uns mochte und uns immer Bonbons schenkte.

Onkel Edoardo, Tante Gisellas Mann, der zum Militär eingezogen worden war, geriet nach dem 8. September in die Hände der Deutschen und wurde in ein Gefangenenlager gebracht, in dem er bis zum Ende des Krieges inhaftiert blieb. Auch deshalb beschloss Tante Gisella, die im Sommer mit unserem Cousin Sergio nach Fiume gekommen war, nicht nach Neapel zurückzukehren. Denn sie konnte ihren Mann dort ja nicht in die Arme schließen. Wir wurden also zu einer Großfamilie, allerdings ohne die beiden Seemänner – Papa und Onkel Edoardo –, die weit weg in Gefangenschaft waren. Im Nachhinein war Tante Gisellas Entscheidung, in Fiume zu bleiben, ein tragischer Fehler, denn die Alliierten sollten ganz Süditalien schon bald befreien. Nach dem 8. September war Italien zweigeteilt: Der Süden war bereits befreit, während nördlich von Cassino das restliche Land von den Nazis besetzt war.

Diese Besetzung ging der Deportation der italienischen Juden in die Vernichtungslager voraus, die überall auf dem europäischen Kontinent, wo die Deutschen und ihre Verbündeten herrschten, errichtet worden waren. So legte sich das Netz, mit dem die Juden gefangen werden sollten, auch über Fiume. Wäre Tante Gisella in Neapel geblieben, wäre die Geschichte unserer Familie, vor allem die von Sergio, vermutlich ganz anders verlaufen. Aber niemand kann ihr deshalb einen Vorwurf machen. Niemand kennt sein Schicksal, erst recht nicht in einem Weltkrieg. Daher war es nur verständlich, dass sie als Frau, allein mit einem kleinen Kind, die ihr fremde Stadt verließ und nach Hause zu ihrer Mutter und der eigenen Familie fuhr.

Der Sommer 1943 in Fiume war sehr heiß, so jedenfalls erinnern wir uns. Es war der erste, in dem wir wegen des Krieges nicht ans Meer konnten. Um uns etwas zu erfrischen, steckte Oma uns drei, also uns beide und unseren Cousin Sergio, in eine Wanne mit kaltem Wasser. Das sind unsere ersten Erinnerungen an Sergio. Für uns Kinder war der Sommer trotz allem fröhlich, denn wir ahnten ja nicht, was um uns herum geschah und welches Schicksal noch auf uns wartete. Es war der letzte Sommer, den wir alle zusammen verbrachten, während Europa brannte.

Im Winter 1943/44 flüchtete ein Teil unserer Familie aus Fiume und versuchte so, der Verfolgung durch die Nazis zu entgehen. Onkel Aaron, seine Frau Carola und ihr Sohn Silvio, der genauso alt war wie Tati, konnten sich eine Zeit lang in Grisignano di Zocco verstecken, einem kleinen Dorf in der Nähe von Vicenza. Mit dabei waren auch Tante Paola und Mario, der damals sechzehnjährige Sohn von Tante Sonia. In dem kleinen Dorf bildete sich ein Netzwerk, dem es ein knappes Jahr gelang, eine jüdische Familie zu schützen und diesen fünf Menschen zu helfen. Heute gibt es in Grisignano di Zocco ein kleines Museum, das an diese Ereignisse und die großartige Solidargemeinschaft von damals erinnert.

Unsere Verwandten wurden jedoch im November 1944 aufgegriffen, weil sie von ein paar Italienern denunziert worden waren. Onkel Aaron und die anderen wurden von den Deutschen zunächst nach Ravensbrück gebracht, da gegen Ende 1944 die Transporte nach Birkenau bereits eingestellt worden waren. Sie starben allerdings an ganz verschiedenen Orten und zu ganz unterschiedlichen Zeiten: Aaron und unser Cousin Mario in Sachsenhausen im April 1945; Carola, Silvio und Paola in Bergen-Belsen, nur wenige Wochen vor der Befreiung. Unsere Cousine Kitty Braun Falaschi, die Nichte von Onkel Aaron, die ebenfalls mit ihnen deportiert wurde, das Lager aber überlebte, erzählte uns später, dass der kleine Silvio während eines Transportes in den Armen seiner Mutter Paola starb. »Endlich«, hatte sie geseufzt.

Die Verhaftung

Auch Mama wollte für uns beide ein Versteck finden und wandte sich an Oma Maria, die viele Leute in den umliegenden Dörfern von Fiume kannte. Doch niemand half uns.

Wir wissen nicht mehr, an welchem Tag genau wir verhaftet wurden. Aber wir wissen, dass wir am 29. März 1944 nach Auschwitz deportiert wurden. Das hat Mama uns erzählt. Die Nazis müssen also in der zweiten Märzhälfte 1944 in unsere Wohnung eingedrungen sein.

Die erste Erinnerung an diesen Abend sind die Geräusche, die Schreie und der Krach, die von nebenan in unser Schlafzimmer dringen. Dann kommt Mama völlig außer Atem zu uns gerannt. Es ist ein Bild, das sich uns eingebrannt hat. In größter Eile zieht sie uns an: Wir müssen los, weg von hier. Wir fragen: Wohin denn? Warum denn? Doch nicht einmal sie hat eine Antwort darauf.

Wir begreifen nicht, was passiert. Andra hat etwas Fieber, noch von den Windpocken, die sie in den Tagen zuvor gehabt hat. Dann schwenkt unsere Erinnerung auf den gedeckten Tisch. Es ist wahrscheinlich noch gar nicht so spät am Abend, als sie uns holen. Das haben wir mit den Jahren rekonstruiert. Mama meinte immer, es wäre so gegen 21 Uhr gewesen. Wir sind eine normale Familie, die zu Abend isst, nachdem die Kinder im Bett sind. Ein Abendessen, das nie verspeist wurde.

Die nächste, vielleicht noch stärkere und einprägsamere Erinnerung ist die an unsere Großmutter. Unsere geliebte Oma Rosa, schwarz gekleidet, wie es damals bei den alten Frauen und Witwen üblich war, kniet auf dem Boden, weint und fleht einen großen, gnadenlosen Mann an. Unbeweglich steht er vor ihr. Sie bittet ihn inständig, die Kinder zu verschonen; die Männer sollten die Erwachsenen mitnehmen, aber nicht die Kinder. Was haben die Kleinen denn getan? – Als ob sie, die Erwachsenen, jemals etwas getan hätten ... Wir beide haben keine Angst, sondern können es einfach nicht glauben: So haben wir Oma Rosa noch nie erlebt. Sie hat noch nie vor uns geweint. Tati erinnert sich, dass sie keine Angst empfunden hat, sondern nur Schmerz, Großmutter so zu sehen.

Jahre später haben wir begriffen, was uns damals unverständlich, ja geradezu geheimnisvoll vorkam. Großmutter musste damals schon vieles, wenn nicht gar alles verstanden haben. Vielleicht hatte sie auch geahnt, was passieren würde. Möglicherweise erinnerte sie sich an ihre Flucht vor den Pogromen in Osteuropa, vermutlich hatte sie Gerüchte gehört, die sich um das Verschwinden der Juden rankten und die einen Teil unserer Familie veranlasst hatte, sich zu verstecken. Oder vielleicht ahnte sie etwas wegen eines Vorfalls, der wenige Tage vor unserer Verhaftung geschehen war. Mama hat es uns später erzählt: Oma Rosa hatte am Fenster unserer Wohnung gestanden und den Mann vorbeigehen sehen, der uns vermutlich verraten hat. Er war kein Jude, aber er arbeitete in der Synagoge und kannte daher viele Familien aus der Gemeinde. Er hatte Großmutter beruhigt: Wir wären eine Familie aus einfachen Verhältnissen und hätten nichts zu befürchten. War das vielleicht eine Falle gewesen? Eine Art Täuschung, damit sie nicht über eine Flucht nachdenken würde?

Mama beharrte darauf, dass während unserer Verhaftung auch »unser« Spion dabei gewesen wäre. Vermutlich hatte er uns verkauft, doch darüber haben wir nie Genaueres erfahren. Vielleicht war dieser »Signore« mehr ein »Nutznießer« als ein Denunziant, der den Deutschen half und Hinweise über Juden lieferte. Woran wir uns auf jeden Fall sehr gut erinnern, ist, dass an dem Abend unserer Verhaftung Nazis und Faschisten in unsere Wohnung eindrangen. Deutsche und Italiener. Wir wurden deportiert, weil italienische Faschisten den Nazis halfen.

Und so werden wir fortgezerrt: wir beide, Mama, Oma Rosa, Tante Gisella, Sergio, Tante Sonia und Onkel Jossi. Wir verlassen das Haus so überstürzt, dass wir praktisch nichts mitnehmen können. Gewaltsam werden wir auf einen Lastwagen verfrachtet. Wir wissen nicht, was für eine Marke oder was für ein Modell es war, aber er war groß genug, dass wir alle sitzen konnten, wir und unsere Aufseher. Wir erinnern uns auch an das Geschrei, die Befehle, die Rufe auf Italienisch und auf Deutsch. In Susak verbringen wir die Nacht, wie Mama uns später erzählt. In diesem kleinen

Weiler in der Nähe von Fiume gab es ein Gebäude, wo die SS die Gefangenen verhörte, bevor sie in die *Risiera*, die Reismühle von San Sabba, geschickt wurden. Die Aktion wurde von dem Österreicher Franz Stangl geleitet, der bereits Lagerkommandant im Vernichtungslager Sobibór in Polen gewesen war.

Von Susak geht es am folgenden Morgen zu unserer nächsten Station. Wir klammern uns an Mama. Wir haben nur Augen für sie, denken nur an sie. Vielleicht erinnern wir uns in dieser fürchterlichen Lage deshalb nicht an Sergio. Er taucht erst Stunden später wieder in unserer Erinnerung auf, in der winzigen Zelle der *Risiera* von San Sabba, in der wir alle zusammen eingesperrt werden.

Von San Sabba nach Auschwitz

Einst schälte man in der Reismühle, der *Risiera*, die einer großen Fabrik glich, den Reis. Das Gebäude war Ende des 19. Jahrhunderts im Triester Stadtteil San Sabba errichtet worden. Unter
der Nazi-Besatzung hatte es verschiedene Funktionen: Nach dem
Waffenstillstand vom 8. September 1943 und der Schaffung der
Operationszone Adriatisches Küstenland wurde es als provisori-
sches Gefangenenlager für italienische Soldaten genutzt. Dann
wandelten die Deutschen es in eine Haftanstalt der Polizei um.
Hier wurden italienische, kroatische und slowenische Partisanen
inhaftiert, außerdem politische Oppositionelle, Wehrdienstver-
weigerer und zivile Geiseln. Für die Juden wurde die *Risiera* in
den meisten Fällen zu einer Durchgangsstation vor der endgültigen Deportation. In dem Gebäude lagerten die Nazis auch die
persönlichen Gegenstände, die man den Gefangenen raubte.

Es gab zahlreiche Hinrichtungen, meistens während der Nacht,
oft durch Erhängen, seltener durch Erschießen. Die Körper der

Opfer wurden in einem provisorischen Krematorium verbrannt, dem einzigen, das in einem Lager auf italienischem Boden errichtet wurde.

Wir kommen auf einem Lastwagen in der *Risiera* an, er fährt direkt in den großen Innenhof. Wir können nicht sagen, wie viele Menschen auf unserem Transport von Susak nach San Sabba sind. Auf jeden Fall sind wir acht aus unserer Familie zusammen. Und wir werden auch zusammen in eine Zelle gesteckt. Es ist eine sehr enge, winzige Zelle, mit einer Art Bank. In unserer Erinnerung ist es ein schmaler Raum. Als wir ihn nach Jahren wiedersehen, erscheint es uns unmöglich, dass wir dort zu acht hineingepasst haben.

Wir verbringen ein paar Tage in der *Risiera.* An die genaue Dauer erinnern wir uns nicht mehr, auch weil in Gefangenschaft die Tage alle gleichförmig erscheinen. Das haben wir selbst als Kinder bereits erkannt. Wir klammern uns die ganze Zeit an Mama. Die Erwachsenen wechseln sich auf der Bank ab, nur Oma Rosa darf natürlich die ganze Zeit sitzen.

Wir kommen nie raus. Man schiebt uns das Essen durch einen Spalt herein; nur Mama (und vielleicht ein anderer Erwachsener, das erinnern wir nicht mehr so genau) wird für ein paar Stunden fortgebracht und verhört. Das hat sie uns Jahre später erzählt, als sie im Prozess gegen die Peiniger der *Risiera* aussagte. Wahrscheinlich wollen die Deutschen etwas über unsere anderen Familienmitglieder wissen, die sie zu diesem Zeitpunkt noch nicht gefasst haben. Einen Augenblick hofft Mama, dass es uns irgendwie hilft, dass wir Töchter eines Katholiken sind. Vielleicht, so denkt sie, kann sie uns mit dieser Information in Sicherheit bringen. Vor ihr wird eine Frau verhört, die erklärt, katholisch zu sein, obwohl sie mit einem Juden verheiratet ist. Sie bittet darum, dass ihre Kinder freigelassen werden. Es ist wie bei uns, nur andersherum. Auch als die arme Frau eine trockene Abfuhr von dem Soldaten erhält, bildet Mama sich immer noch ein, uns retten zu können. Selbst im Angesicht einer unabwendbaren Tragödie gibt sie nicht auf. Aber es ist nur eine kurze Illusion. Die Deutschen unterscheiden nicht. Als Mama vehement die Religion von Papa anführt, antwortet der Soldat: »Das ist egal. Ein Elternteil Jude, Kinder Juden.«

Unser Schicksal, unser endgültiges Ziel steht fest: das Vernichtungslager Auschwitz-Birkenau. Die Deutschen haben es bereits bei unserer Verhaftung in Fiume entschieden, als sie uns alle ausnahmslos für Juden halten – auch uns beide und Sergio, obwohl wir drei aus gemischten Ehen stammen.

Das ist die erste große Wendung in unserer Geschichte: Wir werden sofort für jüdisch gehalten und in die *Risiera* geschickt, deren einziger Ausgang ein Zug nach Auschwitz war. Darüber ist viel diskutiert worden, und lange haben wir mit Freunden und Historikern gesprochen, die uns in den vergangenen Jahren geholfen haben, unsere Erinnerungen zu sortieren.

Wir haben den Eindruck, dass die Nazis in Fiume und Triest nicht unterschieden haben. Alle mussten weg, so hatten sie ein Problem weniger. Außerdem waren die Einheiten, die uns verhafteten – und die die *Risiera* leiteten – dieselben, die an der polnischen Ostgrenze die »Aktion Reinhardt« durchgeführt hatten: Es waren die Verantwortlichen der Massentötungen in den Vernichtungslagern von Belzec, Sobibór und Treblinka, die noch wenige Monate zuvor in Polen aktiv gewesen waren. Sie waren berüchtigt für ihre Grausamkeit und die schnelle Auslöschung von jüdischem Leben.

Von uns beiden hat Andra eine deutlichere Erinnerung an unseren Abtransport aus der *Risiera*. Sie lehnt an einem Balkongitter und sieht von oben in den Hof, wo ohne Unterlass Lastwagen voller Menschen hinein- und hinausfahren. Heute gibt es diesen Balkon nicht mehr. Er ist heruntergefallen. Auch wir müssen auf einen dieser Lastwagen mit der schwarzen Plane gestiegen sein, der uns dann in die Nähe des Triester Hauptbahnhofs zu dem langen Gebäudekomplex mit Namen *Silos* gebracht hat. Die Deutschen nutzten diesen Ort für die Deportation der Gefangenen in Richtung Polen. So vermieden sie, dass die Züge durch den Hauptbahnhof fahren mussten. Von dort treten wir unsere längste Reise nach Auschwitz-Birkenau an.

Das Bild des Waggons, in den wir gezwungen werden, ist sehr klar. Wir werden von Bewachern in Uniform, an deren Nationalität wir uns nicht mehr erinnern, in Viehwaggons gestoßen. Wir sind unglaublich viele. Im Inneren des Waggons stehen wir dicht an dicht. Wir klammern uns immer noch an Mama, jede von uns umfasst eines ihrer Beine. Die Menschen bewegen sich nicht. Wir alle sind still. Es herrscht kein Durcheinander, höchstens Angst und Sorge, wohin wir wohl fahren. Diese Stille ist keine Stille.

Oma steht nahe bei uns, zusammen mit Tante Gisella, Tante Sonia und Onkel Jossi.

In einer Ecke steht ein Kübel, vielleicht ein Eimer, den wir für unsere Notdurft benutzen. Die Frauen schützen sich mit Decken, die andere für sie wie ein Zelt hochhalten. Männer und Frauen, Junge und Alte, Erwachsene und Kinder: Vielleicht sind wir etwa sechzig Personen, aber wer kann das schon so genau sagen? Sergio ist auch im Waggon, auch er klammert sich an seine Mama, an Tante Gisella. Er blickt sich verängstigt um. Das hat sich uns eingebrannt, denn wir erinnern uns auch hier weder an ein Gefühl der Angst noch an ein Gefühl des Schreckens. Wir fühlen uns sehr verloren, das ja. Wir sind ungläubig und erstaunt. Aber wir empfinden keine Angst. Der Zug fährt ab. Jetzt sind da Geräusche, laute Geräusche: das Kreischen der Räder auf den Gleisen, die Menschen, die in diesem engen Waggon jammern, der ins Unbekannte fährt.

Mama gelingt es, unsere Namen auf einen Zettel zu schreiben und ihn aus dem Zug zu werfen, vermutlich bei einem Halt am Brenner. Sie hofft, dass jemand den Zettel vom Boden aufhebt und ihn weiterschickt. Wir wissen, dass Papas Familie ihn tatsächlich erhalten hat. Vielleicht hat ein Bahnbeamter ihn aufgehoben und einem Carabiniere gegeben, der ihn an die Empfänger weitergeleitet hat.

Die Gefühle, die wir während dieser Reise empfanden, haben uns nie wirklich verlassen. Wir denken noch oft an diese Augenblicke; allerdings nicht, wenn wir in einer Menschenmenge sind oder in einer chaotischen Situation, wie man es vielleicht vermuten könnte. Es sind das Geräusch des Zuges und sein Anblick, die uns überwältigen. Tati, zum Beispiel, spürt die Erinnerungen an diese Gefühle immer in sich aufsteigen, wenn sie einen Güterzug vorbeifahren sieht.

Dieser Automatismus wurde aber erst relativ spät zum ersten Mal in uns ausgelöst, als wir schon fast erwachsen waren, während unserer Jugend in Triest. Damals haben wir lange direkt am Yachthafen gewohnt, und manchmal mussten wir auf dem Heimweg warten, bis die Züge durchgefahren waren, die vom Hauptbahnhof zum Campo Marzio fuhren. An einem ganz gewöhnlichen Tag weckte ein Güterzug – einer wie Dutzende andere, die wir zuvor beobachtet hatten – in Tati die Erinnerung an unsere Fahrt nach Birkenau. Seitdem ist diese Erinnerung immer da, und die Bilder davon tauchen auf jedem Bahnhof in uns auf.

Die Normalität des Schreckens

Ankunft und Selektion

Die Ankunft ist vor allem ein Geräusch. Es ist der 4. April 1944. Der Zug hält außerhalb des Lagers, in das sie uns dann bringen werden. Wir erfahren, dass es sich um Birkenau handelt, die riesige Todesfabrik im Lagersystem von Auschwitz. Eine Anlage, in der Hunderttausende von Männern und Frauen umgebracht werden. Die Menschen rufen einander, suchen sich. Nicht alle Familien waren in den Waggons zusammengeblieben, und kaum, dass sie den Zug verlassen haben, rufen sie nach ihren Liebsten. Aber es sind auch Angstschreie darunter. Denn die Hunde knurren und bellen. Denn die Befehle werden auf Deutsch gebrüllt, das so gut wie niemand versteht. Es herrscht ein unglaubliches Durcheinander. Es ist eine chaotische und gleichzeitig gespenstische Szene.

Andra erinnert sich an die sogenannte Judenrampe außerhalb des Lagers. An diesem Ort werden die Deportierten gezwungen, sich in Reihen für die Selektion aufzustellen. Damals fuhren die

Züge noch nicht ins Lager hinein, wie es in den nachfolgenden Monaten der Fall war, nachdem die Deutschen die Gleise bis ins Innere von Birkenau verlängert hatten. Die Menschenschlange ist sehr lang: zuerst die Frauen mit den Kindern, dann die Männer. Die Familien werden auseinander gerissen. Hier trennt man uns von Großmutter Rosa und Tante Sonia. Man reiht sie vor den Lastwagen auf. Man bringt sie weg. Für immer. Wir hingegen bleiben in der anderen Reihe.

Das ist die zweite Wendung in unserem Leben. Wenn die erste, wie gesagt, mit unserem endgültigen Ziel Birkenau verbunden ist, so liegt unser Schicksal nun in den Händen eines Nazi-Offiziers, der mit einer Geste die Menschen selektiert: in jene, die interniert werden, und jene – die Mehrheit –, die sofort in die Gaskammern geschickt werden. Wir werden interniert. Obwohl die Kinder bei ihrer Ankunft normalerweise immer sofort ermordet wurden, entgehen wir diesem Schicksal. Es ist ein entscheidender Moment, der unser junges Dasein prägen wird.

Mama drückt uns fest an sich. Wir sehen Sergio nicht. Vielleicht ist er schon von der Tante getrennt und in die Männerreihe gesteckt worden, vielleicht auch nicht. Wir klammern uns an Mama, und gemeinsam legen wir den langen Weg zurück, der uns in die sogenannte *Sauna* bringt. In diesem Gebäude werden die wenigen Deportierten, die ins Lager aufgenommen werden, desinfiziert und tätowiert, bevor sie in die Baracken kommen.

Tatis Erinnerung an unsere Ankunft ist nur bruchstückhaft: hinaus aus dem Zug und dann sofort die *Sauna*. Es ist ein unendlich langer Weg, eine Allee, eine lange Straße, die wir zu Fuß im

Dunkeln und in der Kälte zurücklegen, voller Angst vor dem Unbekannten. An Mama geklammert, gehen wir langsam und sind von einer großen Menschenmenge umgeben.

In der *Sauna* müssen wir unsere Personalien angeben und uns gleich darauf ausziehen. Wir sind nackt, so wie die Erwachsenen auch. Wir beiden Mädchen zwischen lauter Frauen, die uns alle ganz weiß erscheinen und die versuchen, sich mit den Händen zu bedecken. Es ist eine unglaubliche Situation: Die Angst vermischt sich mit dem Erstaunen und der Scham, Mama nackt vor uns zu sehen. Sie ist immer bei uns, sie geht uns bei jeder Etappe voraus, so als wollte sie uns beschützen. Das ist noch nie vorgekommen.

Wir müssen uns in einer Reihe aufstellen. In einem kleinen Raum werden die Frauen rasiert. Mama verliert ihre Haare, aber wir sind so erschrocken und vor Angst wie gelähmt, dass wir es gar nicht genau bemerken. Wir dürfen unsere Haare behalten. Gleich darauf bringen sie uns in einen anderen Raum, wo sie uns desinfizieren: Wir bekommen nasse Füße, als ständen wir in einer Wanne; die Leute schreien, weil das Desinfektionsmittel auf den Wunden der rasierten Haut brennt. Es ist eine Hölle aus Geschrei und Gerüchen. Man kann die Angst riechen. Nach der Desinfektion bringen sie uns in einen sehr großen Raum zum Duschen: Auch hier sind alle zusammen, auch hier schämen wir uns, nackt zu sein.

Dann gibt man uns Kleidungsstücke, die uns nicht gehören; sie sind viel zu groß und zu dünn. Sie werden uns niemals vor der Kälte schützen.

Und dann kommt der Moment des Tätowierens. Wir werden in einen weiteren großen Raum gestoßen. Am Ende des Saals, in dem wir uns drängen, steht ein kleiner Tisch, so wie ein Schülerpult aus den Klassenzimmern der damaligen Zeit. Dahinter sitzen ein Mann und eine Frau. Sie haben eine Art Schreibfeder, wie eine alte Feder von einst, die sie in die Tinte tauchen. Mama ist vor uns, mit ihrem rasierten Kopf: Sie wird als Erste tätowiert, instinktiv will sie uns erneut beschützen, will als Erste wissen, ob es wehtut. Ihre Nummer lautet 76482.

Dann sind wir beide an der Reihe. Sie fangen an, uns zu tätowieren. Viele kleine Punkte. Zuerst Andra, die Nummer lautet 76483; dann Tati, die Nummer lautet 76484. In unserer Kinder-Erinnerung haben wir keinen Schmerz verspürt. Kleine Nadelstiche dringen in unsere Arme und bilden eine Nummer, die uns unser ganzes Leben begleitet.

Andra hat ihre Nummer nach kurzer Zeit auswendig gelernt, Tati nicht. Sie musste immer auf ihren Arm sehen, um sie aufsagen zu können. Erst in den vergangenen Jahren, nachdem wir anfingen, unsere Geschichte zu erzählen, konnte sie sie im Gedächtnis behalten. Aber sie ist immer ein Teil von ihr gewesen. Tati sagt, es ist, als wäre sie damit geboren.

Zusammen mit uns war auch Tante Gisella in der *Sauna*. Auch sie wurde tätowiert: 76516. Sergio hingegen ist nicht da. Vermutlich ist er in der Reihe der Männer, hinter uns. Vielleicht ist er bei Jossi, der die Nummer 179603 bekam und im Oktober 1944 starb. Die Nummer von Sergio ist 179614. Auch er ist im Lager aufgenommen worden, niemand weiß, warum, und auch ihm ist der sofortige Tod in der Gaskammer erspart geblieben. Leider sollte sein Schicksal dennoch auf tragische Weise enden.

Oft fragen wir uns, warum wir interniert und nicht zusammen mit unserer Großmutter und Tante Sonia sofort umgebracht worden sind. Das war schließlich das Schicksal von fast allen Kindern, die nach Birkenau kamen. Nur ein winziger Prozentsatz, fast unbedeutend, wurde im Lager aufgenommen. Noch kleiner ist die Zahl derer, die überlebt haben. Es gibt auf diese Fragen keine eindeutige Antwort. Einige sagen, weil man uns versehentlich für Zwillinge gehalten hat. Das kann sogar stimmen, denn betrachtet man die Fotos von uns aus der Zeit vorher, so sahen wir uns wirklich zum Verwechseln ähnlich (und tatsächlich werden wir in den Block gesteckt, wo die Kinder und die Zwillinge waren, an denen die Nazis Experimente durchführten). Aber wir haben keine Beweise dafür, es ist nur eine Vermutung.

Viel wahrscheinlicher ist, dass wir und Sergio dem sofortigen Tod in den Gaskammern entgangen sind, weil wir nicht als »reinrassige« Juden gelten, da wir aus »Mischehen« stammen. Mit Sicherheit, jedenfalls glauben wir das, liegt es auch an der schnellen Reaktion von Mama, die während der Selektion an der Rampe immer wieder die Zugehörigkeit unserer Familie zum Katholizismus betont hat. So wie sie es schon in der *Risiera* getan hat, wird sie erneut erklärt haben, dass wir Töchter eines Katholiken sind. Und im Grunde hat sich dort an der Rampe unser Schicksal entschieden. Dort, wo die Nazis mit einem Blick und einer Handbewegung bestimmten, wer in die Reihe mit den vielen für die Gaskammern oder in die Reihe mit den wenigen für das Lager kam (um dann am Ende doch auch umgebracht zu werden). Mama, die während unserer Gefangenschaft nie den Mut verlor, hat bestimmt etwas gesagt, um uns zu beschützen. Sie wird begriffen haben, dass hier innerhalb von wenigen Augenblicken über Leben und Tod entschieden wurde.

Das Leben im Lager

Nachdem das Tätowieren beendet ist und wir die *Sauna* verlassen haben, werden wir von Mama getrennt. Wir tragen fremde Kleidung und viel zu große Schuhe. Wir gehen lange zusammen mit einer Frau, vielleicht einer Deutschen. Sie trägt eine Art Militäruniform, einen Rock und eine Jacke, die aber anders sind als die Kleidungsstücke der Gefangenen. Auch jetzt müssen wir wieder sehr weit laufen. Unsere Baracke liegt von der *Sauna* aus genau auf der anderen Seite des Lagers, nahe am Eingang.

Wir treten ein, und sie erscheint uns riesig. Sie ist rechteckig und genauso wie die Baracken, die man heute noch in Birkenau besichtigen kann. Unsere Erinnerungen an die Baracke stimmen nicht in allem überein. Eine *Blockowa*, die Blockälteste unserer Baracke, erwartet uns. Wahrscheinlich ist sie Polin; erst später haben wir erfahren, dass die *Blockowas* gewöhnliche Gefangene waren, die für diese Arbeit eingeteilt wurden. Sie führt uns zu unseren Betten, die nahe am Eingang stehen. Eines für jede von uns.

Sie stehen in einer langen Reihe aus Stockbetten. Die Erinnerung an diese Momente ist eine Mischung aus Bildern und Emotionen. Wir wissen nicht mehr, was wir uns in der ersten Nacht gesagt haben. Wir erinnern uns weder an Müdigkeit noch an Hunger oder Durst. Das Bild, das sich uns bis heute eingebrannt hat, ist das von uns beiden, wie wir immer aneinanderhingen, um uns gegenseitig zu beschützen. Sergio sehen wir nicht. Er ist nicht mit uns zusammen in die Baracke gekommen. Wir können nicht sagen, wann er schließlich auch dorthin gebracht wurde.

Wir waren in einem Kinderblock. Es war nicht der einzige im Lager; erst später haben wir erfahren, dass es noch weitere Baracken für Kinder gab. Aber die haben wir nicht gesehen, wir sind in unserer Welt geblieben: der Baracke Nummer 1, wo Kinder aus verschiedenen Ländern untergebracht sind, die meisten von ihnen dazu bestimmt, Opfer von Experimenten zu werden.

In unseren Betten gibt es kein Bettzeug; nur eine sehr dünne Matratze und eine harte, raue Decke, wie die vom Militär, die uns aber nicht vor der beißenden Kälte schützt. In der Mitte der Baracke steht ein kleiner Holzofen mit einem dicken Rohr, doch er wärmt nicht. Bei diesen Temperaturen müsste das Feuer darin die ganze Zeit brennen, um den Raum auch nur ein bisschen zu heizen. Obwohl Andra kleiner ist, bekommt sie das Bett ganz oben zugewiesen, Tati das gleich darunter. Hier beginnen Andras Probleme mit der Inkontinenz. Denn es ist auch noch in anderer Hinsicht eine extrem belastende und fast unerträgliche Situation für uns: Die erste Nacht in der Baracke ist die erste Nacht in unserem Leben ohne unsere Mama. Ab der ersten Nacht in der Baracke, unserem neuen »Zuhause«, nässt Andra jede Nacht ein. Doch es ist nicht nur für sie ein Problem, sondern auch für Tatiana, die unter ihr schläft; darum tauschen sie am nächsten Tag die Plätze, und Tati klettert in das obere Bett. Andras Einnässen hört erst in England, lange nach der Befreiung, auf.

Das Bett der *Blockowa* steht in einem kleinen Extrazimmer in der Baracke, rechts neben dem Eingang. Sie achtet nicht besonders auf uns und kümmert sich nur um das Nötigste. Wir verstehen schnell, dass wir ihrer Ansicht nach dem Tod geweiht sind. In den Monaten unseres Aufenthalts in Birkenau finden wir irgendwann heraus, wo sie ihr Geheimkästchen mit den Dingen versteckt, die sie auf ihren Gängen durch das Lager findet oder anderen Gefangenen stiehlt. Sie holt es vor unseren Augen heraus, weil sie von zwei kleinen Mädchen anscheinend nichts zu befürchten hat. Als sie es öffnet, kommen Ketten und Juwelen zum Vorschein. Vielleicht stammen diese Schmuckstücke aus *Kanada*, dem Ort, an dem einige Internierte gezwungen werden, die Koffer der Neuankömmlinge – sei es von denen, die gleich ins Gas geschickt werden, sei es von den wenigen Lagerinsassen – zu öffnen, zu durchsuchen und zu leeren. So werden sie um all ihr Hab und Gut gebracht und beraubt.

Die Erinnerung an unsere zehn Monate im Lager ist hauptsächlich von einer scheinbaren Normalität geprägt. Allerdings haben wir diese Normalität nur in unserem Geist konstruiert. Wir sind zwei einsame Mädchen an einem fremden Ort, zusammen mit Erwachsenen, die wir nie zuvor gesehen haben. Wir hatten auf jeden Fall Angst. Aber in unserer Erinnerung sind Angst und

Furcht durch dieses Gefühl der Normalität verdrängt worden, die Kinder sich oftmals erschaffen, um sich vor den schlimmen und unvorhersehbaren Ereignissen zu schützen. Andra führt dieses Gefühl auf das beschützende Verhalten Tatianas ihr gegenüber zurück. Tati ist die Ältere, vielleicht hat Mama ihr gesagt, sie solle auf die kleine Schwester aufpassen. Vielleicht ist es auch ihr Instinkt gewesen. Vermutlich ist es von beidem etwas. Tatsache ist, dass wir die ganze Zeit aneinanderklebten wie die Briefmarke auf der Postkarte.

Die Angst überwältigt uns jedoch immer wieder mit Macht, wenn ein Erwachsener in einem weißen Kittel die Baracke betritt, um eines der Kinder zu holen. Damals wussten wir nichts von den medizinischen Experimenten. Wir sahen nur, wie Kinder weggingen und nicht mehr zurückkamen. Wer geholt wurde, kam nicht wieder. Das war für uns ganz klar. Und es erschreckte uns zu Tode.

Unser Leben im Lager war abwechselnd von Angst und Schrecken geprägt. Und trotzdem finden Kinder auch in solchen Situationen die Kraft, sich ein begreifbares Universum zu erschaffen. Und genau das taten wir: Im Kampf gegen die Angst tauchten wir in den absurden Alltag von Birkenau ein und versuchten so zu überleben.

Sommer und Winter vermischen sich in unseren Erinnerungen. Manche Episoden sehen wir klar und deutlich vor uns; andere sind verblasst. Nachts schlafen wir in unseren Kleidungsstücken. Wir erinnern uns nicht, ob wir uns gewaschen haben oder wie wir unsere körperlichen Bedürfnisse befriedigt haben, die wir sicherlich wie alle auf der »Toilette« erledigt haben, wenn man das so nennen kann, was den Gefangenen dafür zur Verfügung stand: ein Loch im Boden der Baracke mit einem Holzdeckel.

Die Kälte ist eine dauerhafte Erinnerung. Unsere dünnen Jacken schützten uns nicht davor. An das Essen und den Hunger erinnern wir uns vage. Es gab eine Brühe, eine Art geschmacklose Suppe. Jede von uns hat eine Schüssel und einen Löffel, die wir unter unserer Matratze oder in der Tasche unserer Jacke verstecken. Außerdem ist da der Gestank, ein ständiger Geruch nach Verbranntem, vermutlich von den Krematorien, die ununterbrochen arbeiten. Am Anfang begreifen wir gar nicht, was da mit uns passiert. Erst nach einer Weile verstehen wir, dass wir an diesem Ort bleiben müssen, weil wir Jüdinnen sind. Wir folgern es aus dem, was die *Blockowas* sagen und wie sie mit uns reden.

In der Baracke sind wir nach Jungen und Mädchen getrennt. Die Zahl der Kinder wechselt, je nach den »Bedürfnissen« der Lagerwärter, je nachdem wie viele geholt werden, um als Versuchsobjekte für die Experimente missbraucht zu werden, je nachdem wie viele ermordet oder verlegt werden.

Wir sind alle dunkel gekleidet, mit viel zu dünnen Kleidungsstücken. Wir können uns nicht genau an die anderen Kinder in unserer Baracke erinnern. Ihre Anwesenheit und das Spielen mit ihnen sind in unserem Geist zwar sehr lebendig, aber es gibt keine Gesichter. Es gelingt uns nicht, uns auch nur an ein Gesicht, einen Gesichtsausdruck zu erinnern. Abgesehen von Sergio natürlich. Nur an die wenigen, die wir später wiedergetroffen haben, können wir uns erinnern.

Darunter ist Julius Hamburger, ein slowakischer Junge, der schon in anderen Lagern war, bevor er nach Birkenau kam. Heute lebt er in Israel. Er war ein paar Jahre älter als Tatiana. Er brachte uns zu essen und half uns, wo er nur konnte. Uns und anderen kleineren Kindern. Er muss ein sehr schlauer und großzügiger Junge gewesen sein.

Und dann waren da noch die Schwestern Traubova, Esther und Shana. Sie waren jünger als Andra. Mit diesen drei Kindern haben wir die Befreiung erlebt, als wir nach der Ankunft der russischen Soldaten in das Waisenhaus in Prag gebracht wurden. Nur deshalb erinnern wir uns an sie als Kameraden aus unserer Baracke, doch das haben wir erst später rekonstruiert.

Nach der Befreiung erzählt Julius in seinen Zeitzeugenberichten von uns und nennt unsere Namen.

Während des Tages dürfen wir draußen sein, aber immer nur in der Nähe unseres Kinderblocks. Wir spielen mit den anderen Kindern, die Mädchen mit Mädchen, die Jungen mit den Jungen. Deshalb ist Sergio nicht immer bei uns. Er ist mehr mit den anderen Jungen zusammen. Morgens fühlen wir uns ein bisschen wie die »Herren« des Lagers. Es kommt uns nämlich meist leer vor, weil der größte Teil der Erwachsenen da bereits zum Zwangsarbeitsdienst antreten musste. Wir spielen mit nichts, nur mit unserer Phantasie, denn wir haben weder Puppen oder Spielzeug noch andere Ablenkung. Im Sommer nehmen wir Kiesel, Gras gibt es im Lager nicht; es gibt nur viel Schlamm, schweren grauen

Schlamm. Im Winter werfen wir Schneebälle, aber wir haben keine Handschuhe. Und wenn man Schneebälle ohne Handschuhe formt, dann schafft man ein, zwei, auf jeden Fall nicht viele, denn die Finger gefrieren einem sofort.

Der Tod ist überall um uns herum. Doch merkwürdigerweise haben wir keine Angst vor ihm und gewöhnen uns schnell an diese parallele Wirklichkeit neben der Welt da draußen. Ständig sehen wir Leichen von Erwachsenen. Angesammelte Körper in einer Ecke, aufgehäuft vor einer Baracke, transportiert von anderen Gefangenen. Das scheint uns etwas ganz Normales zu sein. Und wir spielen zwischen den »Leichenpyramiden«, wie Tati sie nennt. Weiß, knöchern, wirklich beeindruckend sind sie. Wir beide erinnern uns lebhaft daran. Morgens kommt ein hölzerner Pritschenwagen vorbei, rechteckig mit Seitenwänden, und sammelt aus den Baracken die Toten ein. Eine schreckliche Arbeit, wenn man heute darüber nachdenkt: Zwei Häftlinge packen eine Leiche, einer an den Armen, der andere an den Beinen. Sie schwenken sie hin und her, dann werfen sie den Toten auf den Berg aus Leichen. Einmal kam ein Karren mit einem Toten vorbei, der mit einem weißen Laken bedeckt war. Andra hat gefragt: »Wieso hat der ein weißes Laken?« Irgendjemand hat geantwortet: »Weil er Deutscher ist.«

Heute kommen uns diese Bilder unerträglich vor, damals haben sie uns nicht beeindruckt. Ab einem gewissen Punkt glaubt Andra sogar, dass dies das »normale« Schicksal der Juden sei. Dass dies genau das Leben sei, das uns zusteht. Und auch Tati ist überzeugt, dass das ihr ganz natürlicher Platz im Leben ist: Jüdin sein bedeutet, auf genau diese Art in Birkenau zu leben und zu sterben. Dieser Gedanke setzt sich in unseren Kinderköpfen ohne Erklärung oder Begründung fest.

Wenn wir durch das Lager laufen, sehen wir neben den Leichenbergen in der Ferne auch die Schlote der Krematorien, aus denen ständig Flammen und Rauch aufsteigen. Immer. Bei Tag und bei Nacht. Wir können es sogar von unserer Baracke aus erkennen. Der Rauch verteilt sich je nach Windrichtung. Wir wissen, dass man dort »rauskommt«. Auch der Gedanke, »durch den Kamin zu gehen«, erscheint uns normal. Es beeindruckt uns nicht. Nach einer Weile begreifen wir, wozu die Krematorien dienen. Irgendjemand muss es uns erklärt haben. Oder vielleicht haben wir es von einer *Blockowa* gehört oder von einem älteren Kind.

Normalerweise haben wir keinen Kontakt mit den Erwachsenen. Wir reden mit niemandem. Nur mit den anderen Kindern und ein bisschen mit unserer *Blockowa,* aber das meist nur, um ihre Befehle auszuführen. Nur einmal trifft Tati einen Wächter, der fast noch ein Junge ist. Er geht in der Nähe unserer Baracke auf einer Straße, die die Erwachsenen *Lagerstraße* nennen. Er trägt Uniform, jedenfalls sieht es so aus. Er kommt Tati mit einer viereckigen Keksdose aus Blech in der Hand entgegen. Tatiana erinnert sich nur an die Dose, aber nicht, dass sie die Kekse gegessen hat. Vermutlich haben wir sie untereinander geteilt, mit Sergio und den anderen Kindern. Wir können uns die Geste dieses Mannes nicht erklären, wir wissen auch nicht, wer er war und warum er zu uns kam. Die Deutschen betraten das Lager fast nie. Sie beobachteten und leiteten die Dinge von außen. Der Kontakt mit den Häftlingen beschränkte sich auf das Nötigste.

In der Nähe unseres Kinderblocks gibt es andere Baracken, in denen nur Frauen untergebracht sind. In einer von ihnen vergnügt sich eine *Blockowa* damit, die Häftlinge zu bestrafen. Wir können gar nicht sagen, wie oft wir eine ordentliche Reihe aus Frauen gesehen haben, die auf dem Kies in einer Art Hof knien und stundenlang zwei Backsteine hochhalten müssen. Eine schreckliche Szene. So strafte die *Blockowa* die Frauen regelmäßig. Nur wenige von ihnen stecken in der gestreiften Häftlingsuniform: Sie tragen normale, wenn auch zerschlissene Kleidung, alte Schuhe oder sind sogar barfuß. Aber wir wissen, dass es Gefangene sind. Wir können um sie herumlaufen, dürfen aber nicht mit ihnen reden oder ihnen zu nahe kommen.

Diese gnadenlose *Blockowa* hat sich uns gegenüber seltsamerweise jedoch sehr menschlich verhalten. Die *Blockowas* tragen dunkle Kleidung, keine gestreifte. Und sie tragen Röcke. Die Strafende aus der Frauenbaracke ist sogar ein bisschen übergewichtig, ihre Bluse spannt etwas. Vielleicht weil sie regelmäßige Mahlzeiten bekommt. Ab und zu bringt sie uns etwas anderes zum Essen. Sie mochte uns. Wir wissen nicht, warum, aber ihre Zuneigung zu uns wird uns später das Leben retten. Sie schenkt uns auch zwei weiße Angorahemden. An die erinnern wir uns gut, weil wir so etwas in Fiume nie gehabt haben. Eines Tages ruft sie uns zu sich und gibt sie uns. Über die Geste an sich wundern wir uns nicht. Uns beeindrucken viel mehr die Hemden. Wir empfinden das allerdings auch nicht als einen besonderen Gefallen uns gegenüber.

Zu jener Zeit sprachen wir bereits Deutsch, die Sprache des Lagers. So wie alle anderen Kinder auch mussten wir sie schnell lernen. Unter uns kleinen Gefangenen war das die Sprache, in der wir uns verständigten. Am Anfang benutzten wir nur Gesten, dann Deutsch. Das lag aber auch daran, weil es keine anderen italienischen Kinder in unserer Baracke gab.

Andra erinnert sich noch, dass sie sogar in der Krankenbaracke war. Es können nur wenige Tage gewesen sein, ansonsten wäre sie dort nicht lebend herausgekommen – und das passierte häufig. Vielleicht waren es Nachwirkungen der Windpocken, die sie noch am Tag unserer Verhaftung hatte. Ihre Erinnerung ist manchmal klarer, manchmal verschwommener: Andra ist krank und verbringt die Tage in einem Stockbett. Das Krankenrevier ähnelt der Baracke, in der wir leben. Man steckt sie ins oberste Bett. Lange Zeit liegt sie ausgestreckt da, auf dem Rücken. In diesen Tagen ereignet sich etwas, das sich ihr für immer einbrennt. Es herrscht ein fürchterliches Durcheinander. Und Lärm, viel Lärm. Es ist so laut, dass Andra sich mit den Händen die Ohren zuhält. Eine Frau liegt auf einer Pritsche in ihrer Nähe. Ein Mann in einem weißen Hemd kommt vorbei, legt eine Hand auf Andras Kopf, so als wolle er sie hinunterdrücken unter das Kissen. Er sagt ihr, sie solle nicht hinsehen. Doch das ist natürlich der beste Weg, um die angeborene Neugierde eines Kindes zu wecken! Kaum, dass er sich entfernt hat, späht Andra auch schon durch die Ritzen der Seitenlatten ihres Bettes. Die Frau, die nebenan ausgestreckt liegt, weint, sie bekommt ein Kind. Es fließt viel Blut. Andra ist zutiefst schockiert. Nach einer Weile begreift sie, dass da ein Kind geboren wird, dass es bereits auf der Welt ist. Wir wissen nicht, was aus der Frau und dem Kleinen geworden ist.

In der Krankenbaracke besucht dann tatsächlich Mama Andra. Das ist etwas ganz Außergewöhnliches, denn der Krankentrakt von Birkenau ist alles andere als ein gewöhnliches Krankenhaus mit Besuchsmöglichkeiten. Mama aber war so. Während der gesamten Zeit ihrer Gefangenschaft in Auschwitz hat sie uns nie aus den Augen verloren. Wir wissen selbst heute immer noch nicht, wie sie das gemacht hat. Und trotzdem schaffte sie es, ihre Tochter im Krankenrevier zu besuchen. Sie wird wohl die *Blockowas* bestochen haben, vielleicht hat sie ihnen ihre Ration Brot überlassen oder hat ihnen Dinge angeboten, die Tante Gisella bei ihrem Zwangsdienst in *Kanada* heimlich mitgehen lassen konnte. Das sind allerdings nur Hypothesen. Sicher ist hingegen, dass Mama einen unglaublichen Mut bewies und ein enormes Risiko einging. Man durfte nicht einfach ungestraft und ohne Grund durch das Lager laufen, es war im Grunde unmöglich.

Es war in Birkenau total ungewöhnlich, dass wir uns als Kinder teilweise frei bewegen konnten, während wir eigentlich nur darauf warteten, dass die Wärter oder die kriminellen Ärzte, die die Kinder der Baracke für ihre unmenschlichen Versuche missbrauchten, über unser Schicksal entschieden.

Für alle diejenigen, die es noch nicht wissen: Birkenau war ein Vernichtungslager, in dem die Nazis die wenigen internierten Gefangenen – also diesen kleinen Prozentsatz an Menschen, die nach dem Transport nicht sofort in die Gaskammern geschickt wurden – »Leichen auf Urlaub« nannten. Sie waren nur Handlanger, »Stücke« wie die Nazis sagten, also Sklaven, die benutzt und bis zur völligen Erschöpfung ausgebeutet wurden, bevor man sie umbrachte. Im Gegensatz zu uns Kindern hatten die Gefangenen überhaupt keine Bewegungsfreiheit, sie durchquerten das Lager nur nach genauen Befehlen. Die Strafen für die, die nicht gehorchten, waren extrem hart, der Tod war Normalität. Doch die Liebe unserer Mutter war größer als die Angst vor Strafe oder Tod. Mama war schon immer so gewesen. Seit dem Tag unserer Verhaftung war sie immer wachsam, ohne sich je hängen zu lassen. Sie hatte nur ein Ziel: uns Mädchen zu retten. Sie war fest entschlossen, am Leben zu bleiben und uns durchzubringen. Nach dem Krieg erzählte sie uns, wie sie sich während der Gefangenschaft immer die Unterhose ausgewaschen und sie sich auf den Rücken geklebt hatte, damit sie dort trocknete, denn sonst hätten die anderen Frauen sie ihr gestohlen. Sie wollte sich waschen, selbst unter diesen schwierigen Bedingungen, koste es, was es wolle. Sie wollte menschlich bleiben. Das war ihr Wille, ihr Ziel.

Und aus diesem Grund hat sie es auch ein paarmal geschafft, uns in der Kinderbaracke zu besuchen. Wir wissen nicht, wann sie nach unserer Ankunft im Lager damit angefangen hat. Wir können auch nicht mehr sagen, wie oft sie in der Zeit zwischen April und Ende November, als sie schließlich verlegt wurde, bei uns gewesen ist. Vielleicht fünfmal? Vielleicht auch öfter? Sie kam immer abends, nach einem langen Arbeitstag. Sie war erschöpft. Für wenige Minuten trafen wir uns außerhalb der Baracke. Wir erkannten sie tatsächlich wieder, obwohl sie keine Haare mehr hatte und ganz dünn und ausgezehrt war.

In unserer Erinnerung gibt es aber auch Angst: Es fiel uns schwer, sie so verändert zu akzeptieren. Diese Angst brachte uns irgendwie dazu, sie in gewisser Weise zurückzustoßen. Wir konnten uns kaum entspannen und sie umarmen. Es war in etwa so, als wenn Kinder den Erwachsenen die Schuld für etwas zuschieben wollen. Mit Sicherheit hat sie deswegen gelitten, aber sie wird verstanden haben, dass dies alles auch für uns keine normale Situation war. Unsere Mutter war einfach sehr intelligent.

Diese abendlichen Treffen sind für uns eine wertvolle Erinnerung. Wenn wir heute daran denken, kommen unglaublich viele Gefühle in uns hoch. Mama kam, umarmte uns, küsste uns und als Erstes wiederholte sie unsere Namen. Sie sagte uns: »Vergiss nicht, dein Name ist Liliana Bucci. Vergiss nicht, dein Name ist Andra Bucci.« Dies machte sie aus einem ganz bestimmten Grund, was wir aber erst später verstanden haben. Zudem gab es im Kinderblock keinen Appell wie bei den Erwachsenen, wir mussten die Nummern nicht auswendig lernen wie sie. Unsere Namen waren alles. Mama wollte, dass wir uns weiter an unser normales Leben außerhalb des Lagers erinnerten. Vielleicht dachte sie auch schon an den Tag unserer Befreiung, an zwei verlassene Mädchen mitten in Polen. Wer weiß. Nach dem Krieg haben wir nie mit Mama über diese Episoden gesprochen. Es herrschte ein undurchdringliches und totales Schweigen.

Auch in diesen Erinnerungen taucht Sergio nicht auf. Da sind nur wir beide und Mama. Es kann sein, dass er in jenen Momenten mit Tante Gisella zusammen gewesen war, die vielleicht gemeinsam mit Mama gekommen war. Aber das können wir nicht mit Sicherheit sagen. Das sind nur flüchtige Eindrücke. Trotz der absurden Situation taten die Sätze, die Mama uns einschärfte, ihre

Wirkung – und zwar so sehr, dass Tati sogar ihren Spitznamen vergaß, mit dem sie in der Familie immer gerufen wurde und auch heute noch gerufen wird. Sie war nur noch Liliana, der Name, der auf den Dokumenten auftauchte, und den Mama bei jedem Treffen wiederholte.

Eines Abends, erinnert sich Andra, sagte Mama uns, dass sie nach diesem Treffen nicht mehr kommen würde. Die Vorstellung des Todes war so ein konstantes Element in unserer Welt, dass wir in den folgenden Tagen, als sie tatsächlich nicht mehr kam, beide davon überzeugt waren, dass sie tot wäre. Und das war für uns ganz normal und erstaunte uns überhaupt nicht. Wir hielten es für eine Selbstverständlichkeit, dass die Erwachsenen in Auschwitz starben: Wir sahen ja jeden Tag so viele Tote um uns herum.

Sergios Geschichte

An den Tag, an dem Sergio Birkenau in Richtung Hamburg verließ, erinnern wir uns genau. Es ist unser größter Kummer, ein fixer Gedanke in unserem Leben nach dem Krieg.

Eines Tages verkündete uns die *Blockowa* aus der Frauenbaracke, die, die mit uns beiden offensichtlich etwas menschlicher umging, dass am nächsten Morgen alle Kinder versammelt werden würden und man uns fragen würde, ob wir unsere Mutter wiedersehen wollten. Die Deutschen suchten zehn Jungen und zehn Mädchen für einen Transport. Sie sagte uns, dass wir unter gar keinen Umständen einen Schritt nach vorn treten sollten; wir sollten das Angebot ausschlagen. Aber sie erklärte uns nicht, warum.

Wir versicherten ihr, dass wir gehorchen würden. Vielleicht taten wir das auch, weil Mama uns ja selbst gesagt hatte, dass sie uns nicht mehr besuchen kommen würde, und wir sie sowieso schon für tot hielten. Natürlich berichteten wir Sergio davon. Wir erzählten ihm, was passieren würde und dass auch er nicht vortreten sollte. Unter gar keinen Umständen.

Am nächsten Tag versammelte man uns tatsächlich vor der Baracke. Es war Ende November, in ein paar Tagen hätte unser Cousin Geburtstag. Es kam ein Mann; dieses Mal trug er keinen weißen Kittel, sondern eine normale Uniform. Wir können nicht sagen, wer es war. Vielleicht ein Offizier des Lagers oder sogar Mengele selbst, der Nazi-Arzt, der für seine Menschenversuche bekannt war. Er stellte uns Kindern die Frage, die wir erwarteten: »Wer von euch will die Mama wiedersehen?« Wir beide blieben regungslos stehen wie Statuen. Sergio hingegen trat einen Schritt vor. Tati erinnert sich, dass er einen Schritt aus der Reihe heraustrat, Andra, dass er die Hand hob. Vielleicht hat er auch beides gemacht, aber das ist unwichtig. Es zählt nur, dass unsere Warnungen nichts bewirkt haben. Die Sehnsucht nach seiner Mutter war zu groß. Wie sollte man es ihm auch verdenken? Mit dieser grausamen Falle zeigten die Nazis nicht nur ihre Bösartigkeit, sondern auch ihre Heimtücke und Verschlagenheit. Für Sergio war die Verlockung, seine Mama wiederzusehen, unwiderstehlich. Wir beide hingegen waren zu zweit und von klein auf daran gewöhnt zusammenzubleiben. Sergio nicht, damals war er Einzelkind: Erst nach dem Krieg bekamen Tante Gisella und Onkel Edoardo einen weiteren Sohn, unseren Cousin Mario. Für Sergio war seine Mama wirklich alles; wahrscheinlich litt er unter der Trennung mehr als wir.

Kurz drauf versammelte die SS die zwanzig Kinder, die sie so heimtückisch ausgewählt hatte, und brachten sie zur »Rampe«:

Die Kinder waren glücklich, sie weinten und jammerten nicht, denn sie dachten ja, dass sie ihre Mama wiedersehen würden. Wir winkten ihnen mit erhobenen Händen nach, wir sahen sie fortgehen. Daran erinnern wir uns sehr gut: Alle zwanzig steigen in einen Viehwaggon und sehen uns an. Es war ein hinterhältiger Betrug. Zwanzig kleine Engel wurden fortgebracht und in der falschen Hoffnung gewogen, zur Mutter zu kommen. Tief in uns drin wussten wir, dass wir sie nie wiedersehen würden; natürlich hatten wir darüber keine absolute Gewissheit. Es war ein Gefühl. Das lag vielleicht an unserer starken Verbindung zu Sergio, vielleicht aber auch an der Umgebung, in der Personen nicht wiederkehrten, sobald sie weggebracht wurden. Wir erinnern uns auch, dass von diesem Moment an unsere Baracke leerer war und es auch blieb, denn es kamen kaum noch Kinder nach Auschwitz. Es war das letzte Mal, dass wir Sergio gesehen haben.

Nach unserer Rückkehr nach Italien haben wir seinen Eltern davon berichtet, als sie uns viele Fragen stellten. Danach jedoch nicht mehr, und es hat sehr lange gedauert, bis wir wieder von seiner Geschichte erzählen konnten.

Diese dramatische Episode betraf aber auch noch andere Kinder und nahm ihnen so kurz vor Ende des Krieges das Leben, als die Nazis schon ganz offensichtlich verloren hatten. In unserer Baracke waren zwei Brüder: Einer entschied sich wie Sergio vorzutreten, der andere blieb stehen. Er überlebte, so wie wir, und wir haben ihn viele Jahre später in Israel wiedergesehen. Jedes Jahr reist er nach Hamburg, um seinem Bruder zu gedenken. Dann gab es dort einen Jungen, der erst seit kurzer Zeit im Lager war, der mit den anderen neunzehn mitging und ihr Schicksal teilte. Auch seine Eltern bekamen wie die unseres Cousins nach dem Krieg einen zweiten Sohn, den wir in Hamburg getroffen haben und der wissen wollte, an was wir uns von seinem Bruder erinnern.

Die Geschichte dieser unglückseligen Kinder und von Sergio ist erst Jahrzehnte nach dem Krieg rekonstruiert worden. Viele Jahre blieben die Versuche von Tante Gisella und Onkel Edoardo, etwas über das Schicksal ihres Sohnes zu erfahren und ihn wieder in die Arme schließen zu können, erfolglos. Ihre Hoffnung jedoch versiegte nie. Vor allem, nachdem wir beide wieder nach Hause zurückgekehrt waren. Sergios Eltern schrieben an alle humanitären Hilfsorganisationen, die sich in jenen Jahren um Flüchtlinge und Kriegswaisen kümmerten.

Vor ein paar Jahren haben wir von dem International Tracing Service in Bad Arolsen (heute Arolsen Archives) einen Ordner über Sergio bekommen. Die Arolsen Archives sind ein Zentrum, in dem die Schicksale von Nazi-Verfolgten dokumentiert sind. Es wurde noch im Verlauf des Krieges vom Hauptquartier der alliierten Streitmächte eingerichtet und nach Ende des Krieges von der Nothilfe- und Wiederaufbauverwaltung der Vereinten Nationen geleitet. Dort trafen die Anfragen aus ganz Europa ein, zum größten Teil von Menschen, die nach Informationen über ihre deportierten und verfolgten Familienangehörigen suchten. Die Angestellten legten für jede eingegangene Suchanfrage eine Akte an und sammelten darin nützliche Informationen: die Korrespondenz mit den Familien und den anderen Suchdiensten in ganz

Europa, die durchgeführten Recherchen und die möglichen Ergebnisse. Im Sitz der Arolsen Archives im nordhessischen Bad Arolsen werden auch 60.000 Akten des ehemaligen Kindersuchdienstes aufbewahrt, darunter auch die von Sergio. In seiner Akte gab es über die Jahre immer wieder Anzeichen und Hinweise, wo unser Cousin möglicherweise sein könnte, aber leider handelte es sich immer um Fehler oder Verwechslungen mit anderen Kindern.

Erst Anfang der 1980er-Jahre wurde sein Schicksal aufgeklärt. Es ist das Verdienst des Hamburgers Günther Schwarberg, den wir zu schätzen und bewundern gelernt haben, und seiner Frau Barbara Hüsing. Der Journalist und die Rechtsanwältin stießen durch Zufall auf die dramatische Geschichte der zwanzig ermordeten Kinder, nachdem diese für die schrecklichen pseudowissenschaftlichen Versuche von Kurt Heißmeyer, einem Offizier und Nazi-Arzt, missbraucht und gequält worden waren. Stück für Stück brachten Schwarberg und Hüsing mit viel Geduld und Beharrlichkeit die ganze Geschichte ans Licht.

Erst 1964 wurde gegen den Peiniger in der DDR der Prozess eingeleitet, denn Heißmeyer hatte nach dem Krieg in Magdeburg wieder als Arzt gearbeitet. Der Mann wurde 1966 zu lebenslanger Haft verurteilt und starb nur ein Jahr später im Gefängnis. Während der Verhandlung zitierte Heißmeyer selbst aus den Krankenakten der Kinder, die er in Hamburg missbraucht hatte, nachdem sie Ende November 1944 aus Birkenau angekommen waren. Vielleicht dachte er, damit sein schreckliches Handeln wissenschaftlich rechtfertigen zu können. Die zwanzig unschuldigen Kinder wurden zuerst mit Tuberkulosebazillen infiziert, später entfernte man ihnen die Lymphknoten (auf den Fotos, die die Nazis zu Dokumentationszwecken gemacht haben, sind Sergio und seine Leidensgenossen zu sehen, rasiert und mit nacktem Oberkörper, heben sie den rechten Arm und zeigen den Schnitt in der Achsel). Am Ende der Versuche wurden alle zwanzig Kinder in der Nacht vom 20. auf den 21. April 1945 im Keller der Schule am Bullenhuser Damm in Hamburg erhängt.

Sergios Geschichte und die der anderen neunzehn kleinen Opfer hat erst Günther Schwarberg 1979 in der Serie *Der SS-Arzt und die Kinder* in der Zeitschrift *Stern* umfassend rekonstruiert. Dieses Verbrechen ist nicht vergessen, denn Günther und Barbara haben zusammen mit anderen Freunden und Kollegen die Vereinigung Kinder vom Bullenhuser Damm e. V. gegründet, die die Erinnerung an die Kinder bewahrt und das Wissen um diese Tragödie weiterverbreitet.

Die Rekonstruktion der Ereignisse durch Günther Schwarberg und seine Frau ist eine Geschichte in der Geschichte, in der einige wenige Gerechtigkeit forderten und sich damit gegen die Versäumnisse und die Verdrängung im Nachkriegsdeutschland stemmten.

Schwarberg starb 2008. Heute gibt es in der Schule, in der die Kinder ermordet wurden, eine Gedenkstätte, die an Sergio und seine Leidensgenossen erinnert. In dem Hamburger Stadtteil Schnelsen-Burgwedel wurden in den 1990er-Jahren zwanzig Straßen nach den kleinen Opfern benannt. Auf dem wunderschönen Friedhof Öjendorf, ebenfalls in Hamburg, auf dem die italienischen Gefallenen des Zweiten Weltkrieges geehrt werden, gibt es seit 1995 auch einen Gedenkstein für Sergio.

Onkel Edoardo starb 1978, noch bevor er die Wahrheit über das Schicksal seines Sohnes erfahren konnte. Denn Schwarberg und Hüsing benötigten viel Zeit, um Sergio eindeutig zu identifizieren, weil sein Name in verschiedenen Schreibweisen in den Akten geführt wurde. Tante Gisella hingegen, die Auschwitz überlebte und 1988 starb, erfuhr die Wahrheit, akzeptierte sie aber nie. Sie wurde nach Hamburg eingeladen, um an der Gedenkfeier in der Schule am Bullenhuser Damm teilzunehmen. Auf dieser Reise im Jahr 1984 begleitete sie Mira Tatiana, Andras Tochter, die Deutsch sprach. Tante Gisella erfuhr zwar die Wahrheit über ihren Sohn, weigerte sich aber, das alles zu glauben. Sie konnte es einfach nicht akzeptieren. Wer hätte das schon? Sie war immer davon überzeugt gewesen, dass Sergio noch am Leben sei: Ein so schönes Kind, tröstete sie sich, musste doch irgendwo auf der Welt aufgenommen und umsorgt worden sein.

Unsere Befreiung

Dann kam der Tag unserer Befreiung. Es war der 27. Januar 1945. Auch hier verblasst unsere Erinnerung. Andra hat das klare Bild von russischen Lastwagen vor Augen, die auf der Hauptstraße des Lagers fahren. Die Laster fahren hin und her. Wir begreifen, dass etwas anderes als üblicherweise passiert, denn die Soldaten tragen andere Uniformen, die wir nicht kennen. Und die Männer lächeln. Ja, sie lächeln. Dann hält plötzlich eine Art Jeep vor uns. Ein Soldat setzt sich auf die Motorhaube. Er trägt ein Barett mit dem roten Stern. Andra erinnert sich genau. Er hat ein Holzbrettchen auf den Knien, auf dem er eine Salami in Scheiben schneidet. Er sieht uns und bietet uns etwas davon an. Eine spontane, natürliche Geste, für Birkenau jedoch undenkbar. Da sind wir beide, unsere kleinen Mitgefangenen und dieser russische Soldat, der uns Salami anbietet. Das ist für uns die Befreiung.

Wenige Tage später bringt man uns nach Kattowitz, etwa fünfunddreißig Kilometer vom Lager entfernt. In der Kinderabteilung des dortigen Krankenhauses versammeln die russischen Soldaten alle Kinder, die sie auf ihrem Befreiungszug in dieser Gegend von Polen aufgegriffen haben. Nicht nur Juden, denn die Waisen und Flüchtlinge kamen aus allen Kulturen und Ländern.

Wir haben uns oft gefragt, was aus unseren Mitgefangenen in Birkenau geworden ist. Ob sie mit uns nach Kattowitz und dann nach Prag geschickt wurden. Sicher ist, dass das Durcheinander in jenen Wochen einfach unglaublich war und sich viele Organisationen wie das Rote Kreuz oder jüdische Hilfsorganisationen bemühten, die Flüchtlinge und ihre Familien wieder zusammenzuführen. Durch eine Fügung des Schicksals wurden wir von Kattowitz nach Prag gebracht.

Der lange Weg nach Hause

Prag

Die Erinnerung, die gleich nach unserer Befreiung aus dem Lager folgt, ist die Reise im Zug in die tschechische Hauptstadt, wo wir im Frühjahr 1945 ankommen. Andra erinnert sich an die weiß gekachelte Unterführung im Bahnhof. In Prag brachte man uns in ein Waisenhaus. Wir haben es nicht mehr wiedergefunden, auch als Tati viele Jahre nach dem Krieg dorthin zurückgekehrt ist, um es gemeinsam mit ihrem Ehemann zu suchen: Niemand wusste etwas darüber. Es war ein riesiges Gebäude mit sehr vielen Kindern. Bei unserer Ankunft fragte uns niemand nach dem Lager, nach unserer Familie, nach unserer Vergangenheit. Vielleicht wurde unser Zustand für »normal« gehalten, weil es so viele Kinder wie uns gab. Tati erinnert sich an ein ganz dürres Mädchen mit einem riesigen, aufgeblähten Bauch; der typische Hungerbauch, den man heute noch in den schrecklichen Bildern aus Afrika sieht. Wer weiß, was dieses arme Kind durchgemacht hat.

In Prag gingen wir zum ersten Mal zur Schule. Wegen des Erlasses der Rassengesetze in Italien hatte Tati ja keine Schule besuchen können. Morgens brachte man uns vom Waisenhaus in ein enormes Gebäude mit einer breiten Eingangstreppe. Die Schule wurde von Nonnen geleitet. Wir besuchten die erste Grundschulklasse und lernten endlich Schreiben, wenn auch auf Tschechisch. Wir gingen beide in dieselbe Klasse, trotz unseres Altersunterschieds, vermutlich weil man uns fälschlicherweise für Zwillinge hielt.

An den ersten Tag erinnern wir uns sehr gut. Und auch an das Klima, das herrschte: Alles war ziemlich grau, überhaupt nicht fröhlich oder sorglos, wie es hätte sein sollen. Die Nonnen benutzten in der Klasse auch den Rohrstock. Das störte aber niemanden, denn es gehörte zur strengen Erziehung der damaligen Zeit, in der die Erwachsenen generell sehr hart waren. Sie waren überhaupt nicht liebevoll und nur selten wohlwollend gegenüber uns Kindern. Wir alle waren zwar auf sehr unterschiedliche Arten Überlebende des Krieges oder der Konzentrationslager, und dennoch ließ man uns nichts durchgehen. Einmal musste ein Mädchen mit einem Schild auf dem Rücken die Treppe hinaufsteigen, auf dem stand: »Ich darf keine Seife stehlen.« Das war ganz typisch.

In Prag bekam Tati zum ersten Mal Migräneanfälle. Sie traten unvermittelt und sehr heftig auf. Dann legte sie im Unterricht die Arme auf den Tisch, bettete den Kopf darauf und hoffte, dass der Schmerz vergehen möge. Die Anfälle wurden erst ein Jahr später in England weniger, aber noch heute verfolgen sie Tati hin und wieder. Andra wurde in Prag einmal ins Krankenhaus gebracht: Sie hatte sich stundenlang auf der Toilette eingeschlossen und wollte nicht herauskommen. Es ging ihr sehr schlecht, aber sie hatte Angst, es zu sagen. Sie fürchtete, in eine Krankenbaracke gebracht zu werden, in der sie die gleichen traumatischen Szenen wie in Birkenau hätte erleben müssen.

Das Leben in Prag war so traurig, dass wir sogar verdrängt haben, wie unser Schlafzimmer aussah. Wir erinnern uns einfach nicht mehr daran, obwohl wir länger als ein Jahr dort gewesen waren, vom Frühjahr 1945 bis April 1946. Wir lernten Tschechisch und vergaßen das Italienische vollständig. Erst als wir Jahre später wieder bei unserer Familie waren, entdeckten wir unsere Muttersprache neu. Mit den anderen Kindern und Erwachsenen redeten wir stattdessen in dieser merkwürdigen Sprache; zwischen uns beiden benutzten wir weiterhin Deutsch: Es war unsere »Geheimsprache«, von der wir glaubten, dass außer uns niemand sie verstehen würde. Uns ging es in Prag sicherlich besser als in Birkenau, denn wir bekamen zu essen und froren nicht mehr. Doch auch dort fehlten Zuneigung und Mitgefühl vonseiten der Erwachsenen. Und zwar vollständig. Daher schlossen wir mit niemandem Freundschaft, weder mit den Kindern noch mit den Lehrerinnen.

In Prag wussten wir nur zwei Dinge: Wir waren Italienerinnen und Jüdinnen. Diese Tatsachen hatten wir im Lager ganz rasch gelernt. Und als dann eines Tages uns Kinder jemand fragte: »Wer von euch ist Jude?«, traten wir einen Schritt vor. Zusammen mit uns meldeten sich Julius Hamburger und die beiden Schwestern Esther und Shana Traubova, die – wie bereits erwähnt – mit uns in

Birkenau gewesen waren. Und das war unsere Rettung. Was für ein Paradox! Dieses Jüdischsein, weswegen uns die Nazis auf die schrecklichste und unmenschlichste Art völlig unbegründet gequält hatten, half uns nun und brachte uns von einem Ort weg, der uns ganz und gar nicht gefiel. Das verdankten wir einer jüdischen Hilfsorganisation aus England, die sich um die Wiedereingliederung von verfolgten Waisenkindern kümmerte. Später erfuhren wir, dass vor uns schon andere Kinder aus Prag abgeholt worden waren.

Dieses Mal gingen also wir fünf an Bord eines kleinen Militärflugzeugs. Es war zwar unsere »Lufttaufe«, aber wir haben keine großen emotionalen Erinnerungen daran: Es war nur eine weitere von vielen Verlegungen, die wir bereits hinter uns hatten. Wir stiegen ein, setzten uns auf die Militärsitze und blieben den ganzen Flug über angeschnallt, damit wir bei Luftlöchern nicht herumgeschleudert wurden. Das Flugzeug hatte nicht einmal Fenster, sodass wir gar nicht nach draußen sehen konnten. Wir sahen uns gegenseitig an. Es war eine weitere unerwartete Reise an einen unbekannten Bestimmungsort, auch wenn dieses Mal unsere Begleiter, die Erwachsenen, uns beistanden und halfen. Das Ziel, so erfuhren wir bald, hieß Lingfield, in der Nähe von London, im großen, siegreichen England.

Lingfield House

n Lingfield begannen wir wieder zu leben. Dort konnten wir uns endlich ein Stück unserer Kindheit zurückholen, die uns bis zu jenem Zeitpunkt geraubt worden war. Dies ist eine unauslöschliche und wunderschöne Erinnerung. Eine von denen, die immer in einem bleiben und Sehnsucht auslösen, aber auch besonders tröstlich sind.

An einem Abend im April 1946 landeten wir in England. Wir fünf Kinder stiegen in ein Auto um, das uns in diese kleine Stadt in Surrey brachte. Wir hatten keine Ahnung, wohin die Fahrt ging. Vielleicht hatten sie es uns auch gesagt, aber wir können uns nicht daran erinnern, die Vorgänge bewusst mitbekommen zu haben. Wir fuhren eine lange Allee entlang, an deren Ende wir ein wunderschönes Gebäude entdeckten: ein richtiges Landhaus, typisch für England, mit efeubedeckten Mauern und einem Garten darum herum. Es war der Inbegriff des südenglischen Landlebens.

Später erfuhren wir, dass dieses Haus Sir Benjamin Drage gehörte, einem englischen Juden, der mit seiner Familie einen kleinen Flügel des Gebäudes bewohnte. Die übrigen Räumlichkeiten hatte er der jüdischen Gemeinde Englands geschenkt, damit sie als Heim für deportierte Kinder aus ganz Europa genutzt werden konnten.

Die Geschichte von Lingfield hat Sarah Moskovitz 1983 in ihrem schönen Buch *Love Despite Hate* erzählt, in dem sie auch von uns berichtet und unsere Erinnerungen aufgezeichnet hat. Sie zeigt, wie im Angesicht dieser Tragödie, die Millionen von Menschen und Hunderttausende von Kindern getroffen hatte, auch Erfahrungen von großer Solidarität gemacht werden konnten. Viele internationale Organisationen, nicht nur jüdische, halfen Kriegsflüchtlingen und Überlebenden der Deportationen. In England appellierte das Committee for the Care of Children from Concentration Camps zu Beginn des Jahres 1945 an die britische Regierung, Waisenkinder aus ganz Europa aufzunehmen. Man wollte viele kleine Unterkünfte schaffen, die den Kindern ein Heim und ihre Würde zurückgeben sollten. Sir Drage stellte dafür sein kleines Landgut Weir Courtney zur Verfügung, wohin wir geschickt wurden.

Alice Goldberger wurde zur Leiterin dieser Einrichtung ernannt. Sie hatte bereits in Berlin der staatlichen Einrichtung »Obdach« für benachteiligte Kinder und ihre Familien vorgestanden und war schon 1939 nach England emigriert. Obwohl sie eine erklärte Antifaschistin war, wurde sie bei Kriegsbeginn auf der Isle of Man interniert, weil sie die deutsche Staatsbürgerschaft besaß.

Hier richtete sie einen Kindergarten für die Kinder der Inhaftierten ein, über den eine britische Zeitung berichtete. 1942 wurde sie auf Druck von Anna Freud entlassen, die mit ihr in London zusammenarbeiten wollte.

Anna, die Tochter von Sigmund und Martha Freud, geboren in Wien, und wie der Vater zur Emigration gezwungen, hatte sich auf Kinderpsychologie spezialisiert und war bereits eine Autorität im kulturellen Leben Großbritanniens. Zu Beginn des Krieges gründete sie die Hampstead War Nurseries, ein Kriegskinderheim, das sich um die jungen Opfer oder Flüchtlinge des Krieges kümmerte.

Anna Freud und Alice Goldberger waren die guten Seelen von Lingfield House, einer außerordentlichen Einrichtung, die bis 1957 mehr als 700 Kinder aufnahm und ihnen half, die eigene Persönlichkeit und Würde zurückzuerlangen. Goldberger wurde von Oscar Friedmann und dreißig weiteren Kollegen und Krankenschwestern unterstützt, die sich um die kleinen Gäste kümmerten. Darunter war auch eine weitere außergewöhnliche Frau, die wir glücklicherweise kennenlernten, und die uns in den Monaten in England half: Martha »Manna« Weindling Friedmann.

Als wir nach Lingfield kamen, war die Einrichtung bereits seit ein paar Monaten in Betrieb (die erste Kindergruppe war im August 1945 aus Prag eingetroffen). Gleich nach unserer Ankunft brachte man uns in einen Raum voller Spielzeug. Für uns war es ein richtiges Spielparadies, weil wir seit zwei Jahren kein Spielzeug mehr angefasst hatten. Und was für Spielzeug das war! Es gab ein riesiges Puppenhaus mit Zimmern, Möbeln und der besten Ausstattung, ein fast lebensgroßes Schaukelpferd und viele Spielzeugautos. Es hört sich vielleicht töricht an, aber als wir in dieses Spielzimmer traten, haben wir uns sofort wieder lebendig gefühlt. Es war ein ganz unvermitteltes Gefühl, fast wie eine Herzattacke. Und das Spielzimmer war nur einer der vielen Räume im wirklich riesigen Landhaus. Ein Eisentor teilte zwei verschiedene Bereiche voneinander ab. Hinter dem Landhaus grasten auf einer Weide die Pferde. Die Küche hatte eine Fensterfront zum Garten hin, in dem es sogar einen kleinen Pool gab.

Wir teilten unser Schlafzimmer mit anderen Mädchen. An den Wänden klebten wunderschöne Tapeten. Unsere Betten waren weich und sauber. Es gab Nachttische und ein Fenster, aus dem wir in den blühenden grünen Garten sehen konnten; neben dem Fensterrahmen kletterte draußen der Efeu hoch; und neben den Betten standen Stühle, auf denen wir abends vor dem Schlafengehen unsere Kleider ablegten. Man brachte uns bei, wie man sie schön zusammenfaltet. Diese Angewohnheit behielten wir auch in den folgenden Jahren nach unserer Rückkehr nach Italien bei. Auf der Bettdecke lag ein aufgeblähtes, weiches Ding, das wir noch nie gesehen hatten: eine Wärmflasche, mit der wir das Bett vorwärmen konnten. Lauter Dinge, die alle anderen Menschen für normal hielten, für uns jedoch außerordentliche Entdeckungen darstellten. So außerordentlich, dass wir baten, die Wärmflaschen wegzunehmen, weil wir doch ganz andere Schlaftemperaturen gewohnt waren.

In Lingfield fühlten wir uns sofort geliebt. Die Mitarbeiterinnen, die sich um uns kümmerten, wussten genau, was wir brauchten: Zuneigung und Mitgefühl. Wir fühlten uns sofort willkommen und beschützt, ja, beschützt. Und zwar so sehr, dass von Tati zum ersten Mal die Last abfiel, jeden Augenblick auf ihre kleine Schwester aufpassen zu müssen. Diese Mischung aus Liebe und Verantwortungsgefühl, die sie zwei Jahre lang begleitet hatte, machte endlich einer unbeschwerten Kindheit Platz. Und dem Recht, ein Kind zu sein.

Tati freundete sich mit einem tschechischen Mädchen namens Miriam Stern an. Ihre Mutter hatte sie und ihre Schwester Judith einer Bauernfamilie anvertraut, in der Hoffnung, sie so vor der Deportation bewahren zu können. Judith jedoch wurde entdeckt und nach Ravensbrück gebracht; Miriam versteckte sich zwei Jahre lang auf einem Dachboden. Unglaublicherweise fanden sich die Schwestern nach Ende des Krieges wieder und waren nun Gäste im Lingfield House.

Tati verbrachte viel Zeit mit Miriam, und sie wurden enge Freundinnen. Das jedoch machte Andra zu schaffen, denn sie fühlte sich vernachlässigt. Doch das waren ganz normale Entwicklungen: Auf der einen Seite gab es diese unbändige Sehnsucht nach Unbeschwertheit, auf der anderen Seite stand das Verlassenheitsgefühl der jüngeren Schwester. Andra war eifersüchtig, auch wenn sie es nicht sagte und versuchte, sich nichts anmerken zu lassen. Die Fotos aus diesen Monaten zeigen uns natürlich immer zusammen bei Tisch oder beim Spielen im Garten; aber es gab auch viele Momente, in denen wir getrennte Wege gingen. Erst Jahre später fand Andra den Mut zuzugeben, dass die Eifersucht sie belastet hatte.

In den ersten Tagen versuchten die Mitarbeiterinnen, uns zum Reden zu bringen. Wir sollten ihnen unsere Geschichte erzählen. Wir wiederholten unsere Namen – so wie Mama es uns in Birkenau beigebracht hatte – und erklärten, dass wir Italienerinnen seien. Wir sprachen Deutsch, denn Englisch konnten wir damals noch nicht. Außerdem waren die Frauen, die die Einrichtung leiteten, fast alle aus Deutschland nach England geflüchtet, nachdem die Nazis 1933 an die Macht gekommen waren. Wir erzählten ihnen all die Dinge, die wir aus unserem alten Leben noch erinnerten, und dass unsere Eltern tot seien. Denn von Papa hatten wir nichts mehr gehört, während Mama für uns ja in Birkenau gestorben war. Dann sagten sie uns, dass wir nicht mehr Deutsch sprechen sollten. Wahrscheinlich wollte Anna Freud uns mit dem Wechsel der Sprache helfen, dem Albtraum zu entkommen, in den wir geworfen worden waren. Unter uns beiden haben wir aber weiter Tschechisch geredet. Mit den anderen sprachen wir anfangs ein bisschen Deutsch und dann, nachdem sie es uns in einem regelrechten Crashkurs beigebracht hatten, Englisch. Für uns war das Englische wichtig, denn in dieser Sprache unterhielten sich die anderen Kinder.

An unsere Gefährten in Lingfield haben wir schöne und lebhafte Erinnerungen. Insgesamt waren etwa zwanzig bis dreißig Kinder zu jener Zeit dort. Nicht alle kamen aus Lagern wie wir, viele hatten sich in den Städten oder auf dem Land versteckt. Zdenka war eine Waise aus dem KZ Theresienstadt. Sie kam als eine der Ersten in Lingfield an. Dann gab es ein ungarisches Geschwisterpaar; und Fritz, der Kinderlähmung hatte, mit seiner

Schwester Hedi und ihrer Tante Magda. Ruth kam aus der Tschechoslowakei. Sie lebte später weiter in London und wurde Britin. Da waren Miriam und ihre Schwester Judith, die am längsten im Lingfield House blieb. Judith hat viele Jahre nach der Schließung des Zentrums unzählige Dokumente und Fotos vom Haus und den Kindern, die dort untergekommen waren, dem United States Holocaust Memorial Museum in Washington geschenkt.

Unsere Tage waren geprägt von Unterricht, Mahlzeiten und Freizeit zum Spielen und Entspannen. Alice Goldberger war die Koordinatorin, während eine Gruppe von Mädchen (wir zwei plus Miriam, Zdenka und Hanka) Manna Friedmann zugeteilt war. Sie wurde eine Art Adoptivmutter oder besser gesagt, eine neue Tante für uns. Sie hatte Deutschland mit zwanzig Jahren verlassen und war zu ihrem Bruder gezogen, der in England studierte. Sie hatte seitdem keine Nachrichten mehr von ihrer Familie, orthodoxen Juden, erhalten.

Anna Freud war allgegenwärtig. Andra hat viel Zeit mit ihr verbracht und durfte sogar den Webstuhl benutzen, an dem sie in ihrer Freizeit webte.

Als wir uns richtig eingewöhnt hatten, wurden uns auch schwierigere Aufgaben zugeteilt. Wir »großen« Kinder (Tati war nun neun Jahre alt, Andra sieben) sollten uns um die kleineren kümmern. Besonders am Abend zur Schlafenszeit mussten wir ihnen helfen, sich zu waschen und den Schlafanzug anzuziehen. Andra musste sich um ein fürchterlich lebhaftes Mädchen kümmern.

In Lingfield begannen wir also, trotz allem wieder ein normales Leben zu führen. Wir feierten Geburtstage, spielten im Garten, jedes Wochenende gaben wir eine kleine Vorstellung auf einem Podest vor dem Pool. Wir stiegen auf die Minibühne und sagten Texte auf. Andra erinnert sich, dass sie die Rolle der »Prinzessin auf der Erbse« spielte. Tati übernahm einmal die Rolle eines Prinzen oder so etwas Ähnlichem.

Einmal im Monat gab es eine Feueralarm-Übung. Wir hassten es!

An einem Tag kam die Königin von England, die Mutter von Elizabeth II., durch die Stadt Lingfield. Wir standen aufgereiht auf dem Bürgersteig, zwischen all den Menschen, mit Fähnchen in den Händen, und sangen. Die Queen trug ein helles Kleid und winkte uns aus dem Automobil zu.

Ab und zu machten wir zusammen mit den anderen Kindern auch Ausflüge mit dem Bus. Wir fuhren ans Meer und besuchten oft den Zoo. Und wir waren auch in London im Kino und sahen »Pinocchio« von Walt Disney.

Wir aßen viel und gut. Alle zusammen, immer zur gleichen Zeit. Es gab Milch, Fleisch, Getreideflocken, Cornflakes, Obst: Was für eine Fülle im Vergleich zu dem, was wir später in Italien vorfinden sollten. Gleich nach dem Krieg wussten in Triest wirklich nur wenige, was Bananen sind, geschweige denn Cornflakes. In Lingfield brachte man uns bei, ordentlich am Tisch zu sitzen, Obst mit Messer und Gabel zu schälen und zu essen. Wir lernten stricken, uns zu waschen und unsere Kleider ordentlich zusammenzulegen, bevor wir ins Bett gingen. Als wir zurück in Triest waren, bildeten wir uns ein, Mama erklären zu müssen, wie man das macht!

Sie lehrten uns auch Hebräisch für den Fall, dass jemand von uns eines Tages nach Israel gehen wollte. Hin und wieder besuchte uns Sir Drage, der Besitzer des Landhauses. Er war groß und stämmig und sehr nett: Oft schenkte er uns Äpfel.

In der Schule schickte man uns in verschiedene Klassen. Tati fügte sich sofort sehr gut ein; sie schloss Freundschaft mit einer Mitschülerin, die sie auch zu Hause besuchte. Ein Foto zeigt die beiden zusammen, auf dem die englische Freundin ein Kätzchen im Arm hält.

Andra hingegen fiel es schwerer, sich einzugliedern. Im Eingangsflur der Schule gab es kleine Schränke, in denen die Kinder ihre persönlichen Sachen lassen sollten, bevor sie in den Klassenraum gingen. Andra jedoch weigerte sich, als sie dort ankam, und blieb im Flur auf einer Bank sitzen. Sie wartete, dass die Lehrerin sie abholen würde. Die Lehrerin schloss Andra ins Herz und bat Alice Goldberger um Erlaubnis, sie an einem Wochenende mit zu sich nehmen zu dürfen. Sie bewohnte mit ihrem Mann ein schönes zweigeschossiges Haus. Andra nahmen sie wie eine Tochter auf, badeten sie, trockneten sie ab und kuschelten mit ihr vor dem Kamin. Kurz gesagt, sie halfen ihr, die Angst vor Fremden zu überwinden.

Nach diesem Wochenende konnte Andra ohne Probleme die Klasse betreten, so wie alle anderen. Sie brauchte das Gefühl von Wärme um sich herum. Von ihren Schwierigkeiten und ihren Ängsten berichten die Briefe, die wir von Lingfield an unsere Eltern in Italien schickten, nachdem diese uns in England ausfindig gemacht hatten. Heute wird ein Großteil dieser Korrespondenz im Holocaust Memorial Museum von Washington aufbewahrt.

Vor ein paar Jahren sind wir nach England zurückgekehrt, um dort unser ehemaliges zeitweiliges Zuhause zu besuchen. Nachdem die Einrichtung geschlossen worden war, hatte ein reicher Mann das Anwesen gekauft. Als er jedoch von dem »Geheimnis« des Hauses hörte, ließ er es restaurieren und in seinen damaligen Zustand versetzen, um an seine wunderschöne Geschichte zu erinnern.

Wir haben auch ein paar Gefährten aus jener Zeit wiedergetroffen, zu denen wir den Kontakt verloren, als wir zu Mama und Papa nach Italien zurückkehrten. Das lag zum einen daran, dass die Einrichtung nach London verlegt wurde, zum anderen, weil unsere Erzieherinnen es so wollten: Die Brücken zur Vergangenheit sollten gekappt werden, damit wir uns zu Hause besser in das normale Leben eingliedern konnten.

Das Wiedersehen mit unseren Gefährten fand, wie es oftmals passiert, fast zufällig im Jahr 1978 statt. Mama lebte damals noch in Triest, und eines Abends erhielt sie einen Anruf von einem Redakteur eines englischen Fernsehsenders. Dort gab es eine wöchentliche Sendung mit dem Titel »This is your life«, die jedes Mal einer ganz besonderen Persönlichkeit gewidmet war. Der Journalist rief an, weil er eine Folge über Alice Goldberger vorbereitete und die Kinder aus Lingfield House suchte, die in einem Interview von ihren Erfahrungen berichten sollten.

Von uns wusste er nur, dass wir Bucci hießen und in Triest wohnten. Er fand Mama auf eine ganz simple Art: Er rief alle (die wenigen) Buccis an, die im Telefonbuch standen. Mama gab ihm unsere Adressen (damals lebte Andra in Padua und Tati in Brüssel). Er kontaktierte uns und bat uns, nach London zu kommen, um bei der Sendung mitzuwirken (sie lief am 25. Oktober 1978 in der BBC). Mama begleitete uns.

Und so trafen wir viele von unseren Freunden aus Lingfield wieder, darunter Miriam, die in der Zwischenzeit nach Kalifornien gezogen war. Wir erkannten uns sofort wieder. Es war wirklich ergreifend. Es war, als hätten wir uns erst am Tag zuvor voneinander verabschiedet – doch stattdessen waren fast dreißig Jahre vergangen. Und auch Alice Goldberger war über die Maßen gerührt, als sie uns, ihre Kinder aus Lingfield House, plötzlich ins Studio kommen sah.

Endlich zu Hause

Eines Tages aber endete auch unsere Zeit im Lingfield House. Wir wissen das genaue Datum nicht, es war vermutlich im September oder Oktober 1946. Alice Goldberger rief uns in ihr Büro. Das erstaunte uns sehr, denn sie war zwar die Leiterin der Einrichtung, hatte aber nicht täglich Kontakt mit uns Kindern. Zu ihr gerufen zu werden bedeutete, dass etwas Wichtiges geschehen sein musste. Sie zeigte uns Fotografien, vor allem eine. Es war das Hochzeitsfoto von Mama und Papa, das wir jeden Abend in Fiume vor dem Schlafengehen geküsst hatten, als unser Vater noch zur See fuhr und später in Südafrika in Gefangenschaft war. Sie fragte jede von uns: »Kennst du diese Personen?« Und jede von uns antwortete: »Ja, das sind Mama und Papa.« Dann sagte sie: »Eure Eltern leben. Sie haben euch gefunden.« Wir waren überglücklich und sehr aufgeregt.

Wie man uns später erzählte, war Mama Ende November 1944 von Birkenau, zusammen mit dreihundert anderen Frauen zum

Arbeiten nach Lippstadt verlegt worden, einem Außenlager von Buchenwald. Anfang 1945 wurde sie erneut verlegt, dieses Mal nach Chemnitz. Während des Transportes gelang ihr die Flucht, und sie wurde von amerikanischen Soldaten in ein Auffanglager gebracht.

Tante Gisella hingegen blieb bis Anfang Januar 1945 im Konzentrationslager Auschwitz-Birkenau. Als klar war, dass die Ankunft der Roten Armee nur noch eine Frage von wenigen Wochen war, begannen die Deutschen das Lager aufzulösen und die Beweise ihrer Verbrechen gegen die Menschlichkeit zu vernichten. *Kanada*, die Krematorien, die Klinikakten: Die Nazis versuchten, alles verschwinden zu lassen. Die Gefangenen wurden zu Fuß in andere Lager geschickt. Diese »Todesmärsche« hatten nicht nur den Zweck, die Internierten zu verlegen, sondern sie an Erschöpfung sterben zu lassen. Tante Gisella verließ Birkenau am 17. Januar. Sie überstand auch diese Prüfung und wurde, nachdem sie befreit worden war, von russischen Soldaten nach Ravensbrück gebracht. Dort erlebte sie weitere tragische Schicksalsschläge und überstand auch das. Sie nannte es später eine »Befreiung von der Befreiung«, bevor es ihr gelang, nach Italien zurückzukehren.

Sie kam am 30. November 1945 in Neapel an und fand ihren Mann Edoardo wieder, der aus der deutschen Gefangenschaft heimgekehrt war. Gemeinsam machten sie sich sofort auf die Suche nach Sergio, während Mama und Papa nach uns forschten.

Wie wir später rekonstruiert haben, erfolgte der erste Kontakt zwischen Lingfield House und unserer Familie bereits im Mai 1946, wenige Wochen nach unserer Ankunft in England. Doch es vergingen ein paar Monate, bevor die bürokratischen Vorgänge abgeschlossen waren: Es mag absurd erscheinen, aber da das britische Rote Kreuz uns zwei Flüchtlinge formell dem Lingfield House übergeben hatte, musste man sichergehen, dass unsere Familie uns wirklich eine behütete Zukunft garantieren konnte. So begann eine rege Korrespondenz zwischen Lingfield und Italien. In Briefen beschrieben die Mitarbeiterinnen des Hauses unseren Gesundheitszustand, unsere Geschichte und unsere Gefühle. Die Nachricht vom Auffinden von Mama und Papa überbrachte man uns erst später, entweder nachdem sichergestellt war, dass sie wirklich unsere Eltern waren, oder als unsere Rückkehr nach Italien definitiv beschlossen war, damit wir uns dort eine Zukunft aufbauen.

Die Familienzusammenführung war übrigens keine einfache und schnelle Sache. Wir befanden uns schließlich im Jahr 1946 im Nachkriegseuropa. Es mussten Papiere vorbereitet und für jene Zeit eine sehr teure Reise organisiert werden. Nachdem wir in Alice' Büro gerufen worden waren, begriffen wir, dass wir Lingfield verlassen und nach Hause zurückkehren würden. Wir schrieben Mama lange Briefe, natürlich auf Englisch, denn das Italienische hatten wir ja vergessen. Ans Ende jedes Briefes setzte Andra eine kleine Zeichnung.

Wir haben noch die Fotokopien von Mamas Antworten, die Originalbriefe liegen im Holocaust Memorial Museum in Washington zusammen mit anderen Dokumenten über unseren Aufenthalt im Lingfield House. Leider hat Mama unsere Briefe nicht bewahren können. Aber wir sind fast sicher, dass sie sie lange Zeit immer in Reichweite hatte. Sie hob sie in ihrem Nachttisch auf. Vielleicht sind sie bei einem der vielen Umzüge verloren gegangen. Oder sie wollte vielleicht irgendwann nur noch den Schmerz vergessen, den sie und wir erlitten hatten.

In jenen Wochen, die zwischen unserer »Auffindung« und der Reise nach Italien vergingen, waren wir in euphorischer Stimmung. Kurz gesagt, wir wurden zum Zentrum der Aufmerksamkeit von ganz Lingfield House, weil die Hoffnung, die eigenen Eltern wiederzufinden, in allen Kindern der Einrichtung schlummerte.

Die Mitarbeiterinnen bereiteten uns auf unsere Reise vor, versorgten uns mit Kleidung, Mützen, Taschen, neuen Puppen. Ein paar dieser Dinge kann man auf dem Coverfoto dieses Buches sehen, das uns am Bahnhof von London zeigt, bevor wir in den Zug steigen. Es wurde an der Victoria Station aufgenommen und am 8. Dezember 1946 in der *Sunday Empire News* unter der Überschrift »Sisters for Rome and Home« veröffentlicht. Wir sind gleich gekleidet, auch hier wirken wir wieder wie Zwillinge. Dieser Umstand hat uns lange begleitet. Auch in Triest hielt man uns nach unserer Ankunft für Zwillinge. Das lag auch daran, dass Mama uns immer noch gleich anzog, was uns unglaublich gestört hat, um ehrlich zu sein.

Am 4. Dezember fuhren wir von Lingfield nach London und waren Gäste von einer Cousine Manna Friedmanns. Der Abschied von unseren kleinen Schicksalsgefährten war eine Mischung aus Freude und Abschiedsschmerz. Miriam, die beste Freundin von Tati, war tieftraurig. Das hat sie ihr erzählt, als wir uns Jahre später wiedergetroffen haben.

Wir verbrachten eine Nacht in der britischen Hauptstadt. Am folgenden Morgen, dem 5. Dezember 1946, brachen wir in Begleitung einer Sozialarbeiterin nach Dover auf und überquerten dort den Ärmelkanal. Damals gab es ja den Eurotunnel noch nicht, und, wie Sie sich vorstellen können, war es auch nicht so einfach, ein Flugzeug zu besteigen. Darum unternahmen wir unsere Rückreise nach Italien im Zug. Aber was war das für ein Zug! Er kam uns wie der Orient Express vor, mit einem Schlafwagen und einem äußerst bequemen Speisewagen. Wenn wir an einem Bahnhof hielten, stiegen wir beide aus und spielten Seilspringen auf dem Bahnsteig. Einfach so, um uns die Zeit zu vertreiben. Während der Fahrt waren wir glücklich und aufgeregt, dass wir endlich Mama wiedersehen würden. Wir hielten es kaum aus.

Es war alles perfekt, bis wir in Rom ankamen. Das war unser Ziel, denn dort waren die Zentralbüros, die sich um das Auffinden von Vermissten, um Kriegsflüchtlinge und die Zusammenführung der Familien kümmerten. Der Zug hielt im Bahnhof Tiburtina. Wir stiegen aus, und am Ende des Bahnsteigs stand Mama vor einem Automobil und erwartete uns. Sie war umringt von einer riesigen Menschenmenge – jedenfalls kam es uns so vor. Stellen Sie sich die Szene vor: Zwei Mädchen, die bis vor wenigen Tagen im geordneten Lingfield House wohnten, finden sich plötzlich vor einer lauten Menschenmenge wieder. Die Menschen rufen sie und stellen ihnen Fragen in einer Sprache, die sie nicht verstehen.

Die Nachricht von unserer Ankunft, das haben wir später erfahren, hatte sich in der jüdischen Gemeinde wie ein Lauffeuer verbreitet. Jetzt muss man sich aber auch klarmachen, dass zu jener Zeit, im Dezember 1946, die Leute noch nicht wussten, was die Deportationen bedeutet hatten. Sie wussten nicht, was Auschwitz gewesen war. Den Erzählungen der wenigen Überlebenden glaubte man nicht. Die Gesellschaft an sich war damals noch nicht für die Berichte und Geschichten von denen bereit, die dem Grauen entkommen waren. Man wusste lediglich, dass Menschen fortgebracht worden waren. Nur wenige konnten sich das ganze Ausmaß der Tragödie vorstellen oder glaubten an die Existenz des Holocaust.

Daher war im Winter 1946 die gesamte jüdische Gemeinde Roms auf den Beinen, denn sie sah in unserer Ankunft ein Zeichen der Hoffnung oder zumindest die Möglichkeit, etwas von den eigenen Liebsten zu erfahren, die zwischen Oktober 1943 und Juni 1944 aus Rom deportiert worden waren. Von mehr als zweitausend Menschen hatte man nichts mehr gehört. Allein am 16. Oktober 1943 waren mehr als tausend Personen aus dem Ghetto in Rom deportiert worden – von ihnen kamen nur sechzehn zurück. Hunderte Kinder waren verschleppt und von den Nazis in Birkenau ermordet worden. Doch ihr Schicksal war damals noch nicht bekannt, und die Hoffnung der Eltern stirbt bekanntlich nie.

Die Rückkehr von zwei Mädchen nährte also die Erwartungen und Illusionen. All diese Menschen waren dort, nicht nur, um unsere Rückkehr zu feiern, sondern vor allem, weil sie etwas über ihre Angehörigen erfahren wollten. Sie wollten von uns wissen, ob wir sie gesehen oder getroffen hatten. Sie hatten unzählige Fotos von Kindern dabei und hielten sie uns ununterbrochen hin. Und dabei redeten sie immer auf Italienisch auf uns ein, was wir damals aber gar nicht verstanden.

So gingen wir verwirrt und erschreckt auf Mama zu. Unsere Begleiterin führte uns zu ihr, verabschiedete sich und ging weg. Es war ein fürchterlicher Moment. Überwältigt von unseren Gefühlen, verlassen von der einzigen Freundin, die wir hatten, fühlten wir uns erneut einsam und allein gelassen, obwohl unsere geliebte Mama vor uns stand. Was für ein trauriges Paradox! Wir brachen in Tränen aus. Mama wusste gar nicht, was sie machen sollte, um uns zu beruhigen. Sie umarmte uns, küsste uns und versuchte, uns willkommen zu heißen. Wir können uns das Gefühlschaos nur vorstellen, in das sie in diesem Moment gestürzt sein musste.

Manchmal hat Andra selbst heute noch Schuldgefühle wegen dieses so unglücklichen Zusammentreffens, bei dem sie Mama nicht gleich all ihre Wiedersehensfreude gezeigt hat. Aber wir waren eben nur zwei Mädchen, denen das Leben wahrlich unmenschliche Erfahrungen zugemutet hatte. Hätte Mama uns dort allein empfangen, wären die Dinge anders verlaufen, davon ist Tati überzeugt. Die Anwesenheit der vielen Menschen, deren tragische und menschliche Beweggründe wir heute nur zu gut nachvollziehen können, hat unser erstes Treffen allerdings ganz besonders geprägt.

Mama war allein nach Rom gekommen. Denn Papa, der aus der Gefangenschaft in Südafrika zurückgekehrt war, musste wegen seiner Arbeit in Triest bleiben. Er hat uns nie erzählt, was er gedacht oder gefühlt hat, während er auf unsere Ankunft wartete.

Am Bahnhof in Rom stiegen wir in ein Auto und fuhren in die Wohnung von Giuditta Di Veroli, die in Birkenau in derselben Baracke gewesen war wie Mama und ebenfalls überlebt hatte.

Giuditta und ihre Schwester Silvia kamen fast gleichzeitig mit uns in Auschwitz an, am 5. April 1944, und schlossen mit Mama eine dieser Freundschaften, die nur dort entstehen konnten. Sie blieben immer eng verbunden, bis zum Ende ihres Lebens. Und dank des Zeitzeugenberichts von Giuditta wurde unsere Geschichte bekannt, sodass auch wir anfingen, von unseren Erfahrungen zu erzählen.

Damals lebte Giuditta im jüdischen Viertel von Rom, beim Portikus der Octavia, und dort, in der Küche ihrer Wohnung, gingen ständig Leute ein und aus. Mama erklärte uns ganz geduldig auf Deutsch, was all diese Menschen von uns wollten, und vermittelte zwischen ihnen und uns. Aber wir konnten wirklich niemandem irgendetwas sagen, denn es hatte keine weiteren Italiener in unserer Baracke gegeben. Wir beschränkten uns also darauf, den Kopf zu schütteln. Wir hatten Angst, die Leute zu enttäuschen, wenn wir ihnen sagten, dass wir nichts wussten. Also schwiegen wir die meiste Zeit und redeten untereinander nur Tschechisch.

Nach ein paar Tagen fuhren wir nach Neapel zu Tante Gisella. Sie war in ihre alte Wohnung in der Via Morghen 65 zurückgekehrt, in der sie schon vor dem Krieg gewohnt hatte. Heute ist neben dem Hauseingang eine Gedenktafel für unseren Cousin Sergio angebracht.

Wir waren sehr glücklich, unsere Tante wiederzusehen. Genauso, wie wir nach den ersten Stunden der Verwirrung auch endlich die Freude verspürten, bei unserer Mama zu sein. Wir waren wieder eine Familie, wir und Mama, und konnten es kaum noch abwarten, auch Papa zu umarmen.

In Neapel trafen wir zudem Onkel Edoardo und unseren Cousin Mario, der erst wenige Monate zuvor geboren worden war. Er war noch ganz winzig, und wir nannten ihn liebevoll »Mariolino«. Wir blieben ein paar Tage bei ihnen. Auch mit unserer Tante redeten wir auf Deutsch. Sie war sehr süß zu uns und ist es immer gewesen. Wir erinnern uns nicht, was sie bei unserem ersten Treffen über Sergio wissen wollte. Nach dem Krieg fragten eigentlich sehr wenige nach unserem Cousin. Wir beide haben hin und wieder über ihn gesprochen. In unserer Kindererinnerung waren wir jedoch davon überzeugt, dass er tot war. Ansonsten, sagten wir uns, wäre auch er ja zurückgekehrt.

Wir blieben ein paar Tage in Neapel, bis uns Mama sagte, dass wir am folgenden Tag nach Triest zu Papa fahren würden. Wir reisten in einem Waggon der dritten Klasse mit Holzbänken. Es war eine unendlich lange und unbequeme Reise. Ein Herr neben uns war so freundlich und borgte uns ein Kissen. Während der ganzen Fahrt fragten wir Mama immer nur nach Papa: Wie war er? Was dachte er von uns? Sah er noch so aus wie auf dem Hochzeitsfoto? Wir hatten ihn seit 1940 nicht mehr gesehen: Tati war damals drei Jahre alt gewesen und erinnerte sich nur sehr schemenhaft an ihn; Andra war kurz vor seiner Festnahme in Südafrika geboren und hatte ihn also noch gar nicht kennengelernt. Wir haben sehr lange gewartet, bis wir ihn endlich in die Arme schließen konnten.

Neubeginn

Wir wissen nicht, wie das Wiedersehen zwischen Mama und Papa nach dem Krieg abgelaufen war, denn auch darüber redeten wir in der Familie nicht viel. Sie kehrte aus Deutschland zurück, er kam Ende 1945 aus der Gefangenschaft: Vermutlich trafen sie sich in Fiume in der alten Wohnung, in der wir vor dem Krieg und der Deportation gewohnt haben. Dort haben sie wohl gemeinsam entschieden, nach Triest zu ziehen.

Fiume, unsere Geburtsstadt, in der wir bis zu unserer Verhaftung 1944 aufgewachsen sind, gehörte nämlich nach dem Krieg nicht mehr zu Italien. Die Stadt war befreit und dann von Titos Armee besetzt worden. Nach dem Pariser Friedensvertrag von 1947 wurde sie Teil der Föderativen Volksrepublik Jugoslawien. Unsere Eltern beschlossen, die Stadt, in der sie sich kennengelernt hatten und in der unser Vater geboren worden war, zu verlassen, denn sie wollten nicht in Titos Kommunismus leben. Also zogen sie nach Triest, wo Papa rasch wieder Arbeit fand, wo es das Meer gab, das wir alle mochten, und wo uns ein weniger unsicheres Schicksal erwartete. Triest lag damals zwar zwischen zwei Grenzen und wurde sowohl von den Italienern als auch von Tito beansprucht, aber es war noch nicht an Jugoslawien angeschlossen wie Fiume. In den Friedensverhandlungen von 1946 hatte man die Einrichtung des Freien Territoriums Triest beschlossen, das unter dem Schutz der Alliierten in eine italienische und eine jugoslawische Zone aufgeteilt wurde. Erst mit dem Memorandum von London aus dem Jahr 1954 wurde die Stadt wieder vollständig italienisch.

Anfang 1946 hatte Mama lange Zeit in Neapel bei Tante Gisella verbracht. Diese war aus dem Lager zurückgekehrt, hatte ihren Mann wiedergefunden und war erneut schwanger. Sie erwartete unseren Cousin Mariolino. Daher war Mama in Neapel, als sich die Hoffnungen verdichteten, uns wiedergefunden zu haben. Es war das Verdienst eines Nachbarn von Tante Gisella, Giuseppe Parlato, Mitglied des Roten Kreuzes der Stadt. Er half unserer Mutter und unserer Tante und stellte den Kontakt zum Lingfield House her.

Als wir schließlich von Neapel im Bahnhof von Triest einfuhren, lehnten wir uns aus dem Fenster und sahen schließlich unseren Vater. Es war für uns beide ein überwältigendes Gefühl. Noch heute überkommt es Tati, wenn sie daran zurückdenkt. Endlich lernten wir unseren Papa kennen. Ab diesem Zeitpunkt bekamen wir jede Menge Gelegenheiten, ihn als guten und lustigen Menschen immer mehr schätzen und lieben zu lernen. Er war ein Spaßvogel und liebte uns über alles. Uns alle drei.

Nachdem wir alle gemeinsam ein paar Tage in Triest verbracht hatten, fuhren wir Mädchen im Januar 1947 mit Mama nach Fiume, um die Papiere für unsere Ausbürgerung zu organisieren. Das heißt, wir gaben eine Erklärung ab, dass wir Italienerinnen bleiben wollten und Jugoslawien verließen.

Wir blieben einen knappen Monat dort, so lange dauerten die bürokratischen Angelegenheiten. In dieser Zeit packten wir unsere letzten Sachen, die noch dort waren. In Fiume lebte zu jener Zeit auch noch Papas Familie, also Tante Tonci, Onkel Tommaso und Großmutter Maria. Wir erinnern uns noch genau an die Gleichgültigkeit unserer Großmutter, als sie uns das erste Mal wiedersah. Von ihr hörten wir nie ein liebes Wort, nicht einmal bei dieser Gelegenheit. Die Tante hingegen war sehr liebevoll, so wie immer. Sie war jünger als Papa und hatte uns sehr gern. Wir haben in ihrer Wohnung geschlafen, wo sie den Weihnachtsbaum hatte stehen lassen, um es für uns noch schöner zu machen. Zu ihr, unseren Cousinen Elisea und Claudia und zu Onkel Enrico, ihrem Mann, hatten wir auch in den folgenden Jahren immer ein enges Verhältnis. Sie zogen wenig später ebenfalls nach Triest, und wir verbrachten viel Zeit mit ihnen. Diese Verbindung hielt sehr lang; als Mama in den 1980er-Jahren krank wurde und keine von uns beiden in Triest wohnte, half uns eine unserer Cousinen.

Der Kontakt zu Tante Tonci und den Cousinen wurde erst nach dem Tod von Mama und Papa weniger. Das letzte Mal, dass wir einen schönen Tag zusammen verbrachten, war bei unserem Besuch im Wagner-Museum in Triest, bei dem wir von unserer Geschichte erzählten. Tante Tonci war mit einer Tochter und ihrem

Schwiegersohn anwesend. Stolz erzählte sie allen: »Das sind meine Nichten!« Danach sahen wir uns weniger. Aber das war eine ganz natürliche Entwicklung, wie so vieles im Leben, bei dem man oft, ohne es zu wollen, den Kontakt zu Menschen verliert, die man eigentlich sehr gern hat.

In dem Monat in Fiume besuchten uns auch Mamas Freunde. Sie baten uns immer, die kleinen Shows, die wir in Lingfield aufgeführt haben, zu wiederholen. Also sangen und tanzten wir für sie und hatten unseren Spaß daran. Es waren alles Freunde unserer Mutter von vor dem Krieg, und kaum einer stammte aus der jüdischen Gemeinde. Die einzigen Ex-Internierten unter ihnen waren Laura Austerlitz und Marta Ascoli, die ebenfalls von Triest nach Birkenau deportiert worden waren.

Ende Januar 1947, als alle Dokumente bereitlagen, haben wir die wenigen Sachen, die wir tragen konnten, zusammengepackt. Darunter waren auch Dinge, die Großmutter in einem Lagerraum aufbewahrt hatte. Wir wurden auf einem Lastwagen des jugoslawischen Militärs bis an die Grenze nach Triest gebracht. So sah es das offizielle Prozedere vor: In diesem Augenblick waren wir zu Fremden geworden. An jenem Tag regnete es in Strömen. Es war ein weiterer Umzug, ein weiterer Exodus ohne große Erklärungen. Mama wird uns nur das Wichtigste erzählt haben. Aber uns kam das alles eigentlich ziemlich normal vor. Wir waren an ein unstetes Leben gewöhnt. Außerdem waren wir mittlerweile der festen Überzeugung, dass es für uns völlig ausreichte, bei unseren Eltern zu sein. Unsere Familie war unser Zuhause: wir beide, Mama und Papa. Auch deshalb erlebten wir den Umzug von

Fiume, 5. Dezember 1935. Mama und Papa am Tag ihrer Hochzeit. Dieses Foto haben wir jeden Abend vor dem Schlafengehen geküsst, während Papa in Südafrika in Gefangenschaft war.

Fiume, Anfang der 1930er-Jahre. Familie Perlow fast komplett. Stehend, von links: Tante Paola, Tante Gisella und Mira, unsere Mutter. Davor: Onkel Aaron, Großmutter Rosa und Onkel Jossi.

Fiume, Sommer 1943. Wir drei Kinder – Sergio, Tatiana und Andra – und dahinter Mama, Tante Paola, Großmutter Rosa und Tante Gisella, die die Ferien bei uns verbrachte.

Fiume. Tatiana (Dritte von links) im Kindergarten.

Fiume. Das Haus in der Via Milano, in dem wir bis zu unserer Verhaftung gelebt haben: wir beide mit unseren Eltern, Großmutter Rosa, Onkel Jossi und Mario, der Sohn von Tante Sonia.

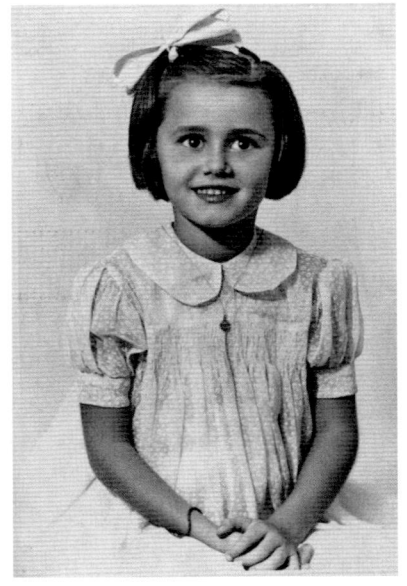

1943. Mama fotografierte gern. Aber offizielle Fotos wie dieses von Tatiana ließ sie von einem Fotografen machen.

Tante Gisella und Sergio lebten in Neapel, aber sie verbrachten viele Wochen in Fiume, denn Edoardo De Simone, der Papa von Sergio, war Seemann und oft fern von zu Hause.

Mama war Schneiderin und nähte uns hübsche Kleider wie dieses, das Andra an ihrem vierten Geburtstag trägt.

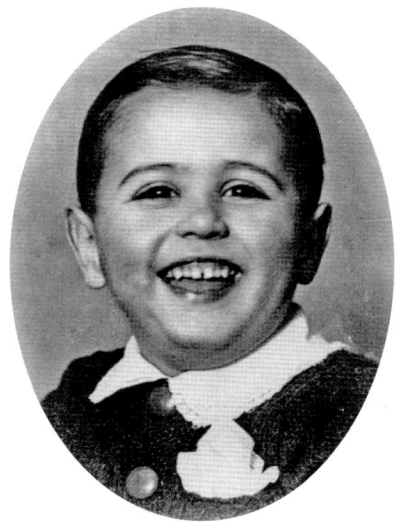

Sergio wurde mit uns verhaftet und war im selben Kinderblock in Birkenau wie wir.

Von links: Tante Paola, Tante Gisella und Mama; davor wir Kinder in Sommeranzügen.

Sommer 1943. Zusammen mit Sergio sitzen wir auf dem Bordstein und ruhen uns vom Spielen aus.

Mama hat uns immer sehr beschützt, war aber auch streng.

Von links: Mama mit ihren beiden Schwestern und wir drei Kinder in einem Sommer, den wir zusammen in Fiume verbracht haben.

29. November 1943. In unseren eleganten
Mänteln, die Mama genäht hat, feiern wir den
sechsten Geburtstag von Sergio.

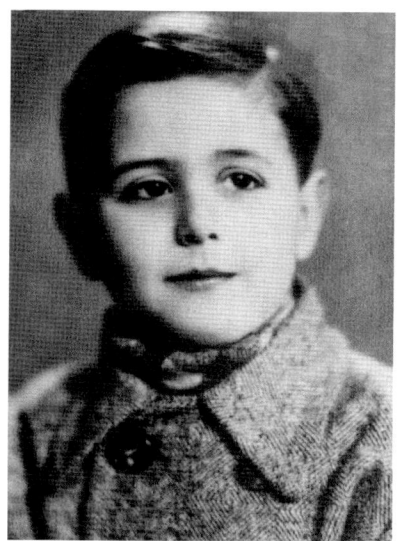

Fiume 1943.
Unser Cousin Sergio
wurde für medizinische
Versuche missbraucht
und von den Nazis
am Bullenhuser Damm
in Hamburg erhängt.

Onkel Aaron, Großmutter Rosa und Mario, der 16-jährige Sohn von Tante Sonia, lebten mit uns in der Via Milano.

Mario als kleiner Junge. Nachdem er sich mit anderen Familienmitgliedern in der Provinz Vicenza versteckt hatte, wurde er verhaftet und im April 1945 mit nur 16 Jahren in Sachsenhausen umgebracht.

Silvio, der Sohn von Onkel Aaron, wurde nach Bergen-Belsen deportiert und starb in den Armen seiner Mutter Carola während eines Transports.

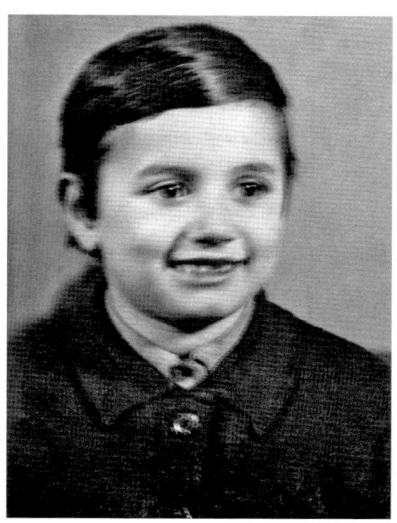

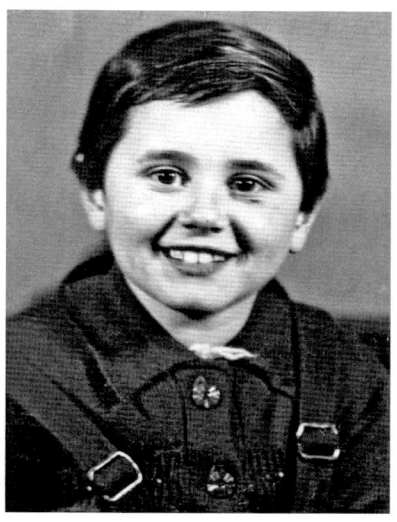

Prag, 1946. Andra kam in der Schule in dieselbe Klasse wie Tatiana, obwohl sie jünger war. So lernte sie früh schreiben, allerdings auf Tschechisch.

Tatiana, die das Waisenhaus nie gemocht hatte, hat vergessen, wie ihr gemeinsames Schlafzimmer dort ausgesehen hatte.

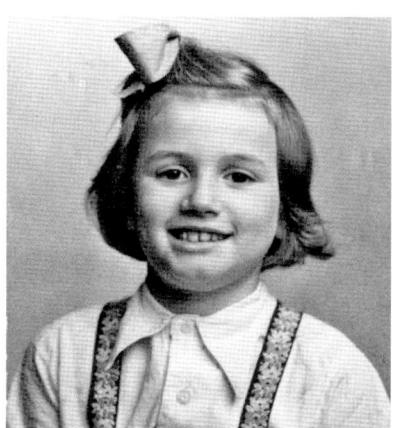

Lingfield, 1946. In Surrey fing Andra endlich wieder an zu lächeln und zu spielen wie ein Mädchen in ihrem Alter.

Triest, Sommer 1947. Vereint mit Mama und Papa sind wir wieder eine glückliche Familie, aber zu Hause wird über das Vorgefallene nicht geredet.

Auschwitz-Birkenau. Die Schülerinnen und Schüler hören zu. Andra und Tatiana während einer Erinnerungsreise der Region Lazio mit Nicola Zingaretti. Mit dabei waren Piero Terracina und Sami Modiano, ebenfalls Überlebende der Shoah.

Birkenau. Andra zwischen Walter Veltroni und Marcello Pezzetti während einer Gedenkreise mit römischen Schülerinnen und Schülern. 2004 richtete die Kommune der italienischen Hauptstadt diese Reisen als dauerhafte Institution ein.

Fiume nach Triest nicht als traumatisch, sondern als eine ganz normale Angelegenheit. Zudem waren wir immer noch viel zu klein, um wirklich zu begreifen, dass wir unser Geburtshaus und unsere Geburtsstadt verließen.

Unsere Geschichte besteht nicht nur aus zwei Generationen, die in drei Reichen gelebt (im zaristischen Russland, in der österreichisch-ungarischen Monarchie und dem italienischen Königreich) und die die Verfolgung und Vernichtung der Juden durch die Nazis erlebt haben. Wir haben zudem den Exodus der Italiener aus Istrien und Dalmatien nach dem Zweiten Weltkrieg erlebt. Wir gehörten zu den Ersten, die diesen Landstrich verließen. Denn abgesehen von Fiume und Pula, die gleich nach dem Krieg jugoslawisch wurden, verhandelten die Diplomaten immer noch über das restliche Territorium, weshalb viele Bewohner zuerst die Ergebnisse abwarteten. Der große Exodus fand dann 1954 statt, als wir uns schon lange in Triest niedergelassen hatten.

Nach 1947 kehrten wir nur selten nach Fiume zurück, nur wenn wir im Sommer im Meer baden wollten: »Wir gehen rüber«, hieß es unter unseren Freunden, wenn wir die Grenze überqueren wollten. Um »nach Jugo« zu fahren, brauchte man keinen Reisepass, sondern ein Papier mit Namen »Propusnica«, eine Art Passierschein. Wir fuhren zum Tanken über die Grenze, kauften dort Fleisch und machten Besorgungen, weil es billiger war. Mama liebte Triest sehr, aber sie blieb Fiume immer verbunden, ihrer Stadt, in der sie aufgewachsen war, in der sie mit der Mutter und den mittlerweile verschollenen Geschwistern gelebt hatte. Dort hatte sie geheiratet und ihre zwei Töchter zur Welt gebracht.

In Triest begann Papa für die alliierte Militärregierung zu arbeiten. Er wurde Koch des Hafenkommandeurs, einem Engländer namens Redman, ein sehr sympathischer, schon etwas älterer Herr mit einem heranwachsenden Sohn. Er schenkte unseren Eltern den Weihnachtsbaum, den wir bei unserer Rückkehr 1946 in der Wohnung vorfanden.

Anfangs wäre Papa gern mit der ganzen Familie nach Südafrika ausgewandert, aber Mama war dagegen. Genauso war sie später dagegen, dass wir die englische Schule in Triest besuchen sollten: »Die Mädchen sind Italienerinnen, also gehen sie auf eine italienische Schule.«

Zu Hause traf Mama die Entscheidungen. Sie hatte »die Hosen an«, wie wir immer sagten. Da Papa wusste, was sie und wir beide durchgemacht hatten, protestierte er nicht. Er liebte sie sehr, auch deshalb widersprach er ihr nicht. Sie waren sehr innig. Nie haben wir Papa etwas Schlimmes zu Mama sagen hören oder umgekehrt. Erst als sie alt wurden, gab es schon mal den einen oder anderen kleinen Streit. Aber das hielt sich in Grenzen. Tati erinnert sich, dass sie ein einziges Mal eine Ohrfeige von Papa bekommen hat, was damals wirklich selten vorkam, und das nur, weil sie Mama eine freche Antwort gegeben hatte.

In Triest lebten wir in den ersten Jahren in einer sehr kleinen Wohnung direkt am Yachthafen. Nach ein paar Monaten zog dann auch die gesamte Familie von Papa nach Triest, und Großmutter Maria wohnte bei uns: Sie hatte nämlich auch kein gutes Verhältnis zu Onkel Enrico, der in Triest eine größere Wohnung als wir bewohnte.

Kommandant Redman hatte uns die Wohnung zugewiesen. Sie lag in einem zweigeschossigen Gebäude, in dem es zwei kleine Wohnungen gab. In der einen wohnten wir, in der anderen eine Familie aus Istrien. Unsere Wohnung bestand aus nur zwei Zimmern, selbst wenn diese sehr groß waren: Eines diente als Wohnküche, in der auch das Bett der Großmutter stand; das andere war das Schlafzimmer von Mama, Papa und uns beiden. Das Gemeinschaftsbad lag außerhalb, im Treppenhaus. Es hatte ein Klosett und ein kleines Handwaschbecken. Im Winter war das Wasser eiskalt; aber trotzdem kontrollierte Mama jeden Morgen, ob wir uns auch ordentlich gewaschen hatten. Das war ihr sehr wichtig. Gebadet haben wir einmal pro Woche in einem Bottich, dessen Wasser auf dem Ofen erhitzt wurde. Es war wirklich eine sehr winzige Wohnung, aber immerhin waren wir alle zusammen. Und das war das Wichtigste.

Die Wohnung lag gleich am Meer und am englischen Yachtclub, in dem wir im Sommer baden gehen durften. Die Seeleute nahmen uns Mädchen manchmal auf ihren Motorbooten mit. Und obwohl das Wasser dort tief war, hat Papa uns im Club das Schwimmen beigebracht. In der Nähe der Wohnung gab es eine Bootswerft, und ein Stück weiter stand der Leuchtturm. In dieser kleinen Wohnung lebten wir bis zum Sommer 1953.

Das Zusammenleben mit Großmutter Maria war sehr schwierig. Sie nannte uns die »muline«, Eselchen, ein dialektales Schimpfwort für »wilde, bockige Mädchen«. Sie schalt uns, wenn wir mit unseren Freundinnen zum Spielen zur Werft gingen, und sagte, dass Mädchen sich so nicht benehmen und wir uns wie Jungen verhalten würden. Um sie glücklich zu machen, spielte Andra mit ihr Karten, obwohl ihr das nie Spaß machte. Wir wissen nicht, ob Großmutter uns wirklich so wenig mochte oder ob ihr Verhalten einfach nur ihrem rauen Charakter geschuldet war. Wenn wir Bonbons oder Süßigkeiten geschenkt bekamen, boten wir ihr davon an. Doch statt sie zu essen, legte sie sie zur Seite, um sie später den drei Kindern von Tante Tonci zu schenken. Dann holte Großmutter sie heraus und bot sie unseren Cousinen und unserem Cousin an, aber nicht uns. Vielleicht hegte Großmutter Maria immer noch irgendwelche Vorurteile gegenüber Juden und akzeptierte unsere Mutter nie vollständig. Sie blieb bei uns in der Wohnung bis Anfang der 1950er-Jahre. Dann beendete sie das nun fast unerträgliche Zusammenleben und zog in eine kleine Wohnung in San Giacomo, wo wir sie ab und zu besuchten. Dafür sorgte unsere Mutter, die uns immer ermahnte: »Sie ist die Mama eures Vaters, also geht ihr sie besuchen.« Und, solange wir in Triest lebten, haben wir das auch immer getan. Großmutter starb 1964, gleich nach Tatis Hochzeit.

Nachdem wir endgültig in Triest angekommen waren, besuchten wir die Grundschule. Andra ging in die erste Klasse, Tati in die zweite. Die letzten Monate jenes Schuljahres, von Februar bis Juni, waren wir auf der Giotto-Schule. Im September wurde Andra allerdings nicht versetzt. Sie hatte Mumps bekommen und oft gefehlt. Ein weiterer Grund für ihre Nichtversetzung war aber auch, dass sie nicht gut Italienisch sprach, obwohl sie in Arithmetik und Mathematik gute Noten hatte. Wenn man genau darüber nachdenkt, erscheint es wie eine weitere Gemeinheit nach allem, was wir durchgemacht haben. Und das war sicher kein Zufall. Natürlich war das Italienische in der Anfangszeit für uns ein Problem, denn wir haben lange weiter auf Tschechisch miteinander geredet. Es war zu unserer Geheimsprache geworden; mit Mama sprachen wir Deutsch, mit Papa Englisch, Tschechisch nur unter uns. Erst in der Schule zwang man uns, ausschließlich Italienisch zu reden, und die Lehrerinnen baten unsere Eltern, das auch mit uns zu tun. Andra war sehr froh über den Wechsel zum Italienischen. Sie sagte: »Gut! Dann sprechen wir endlich nicht mehr diese dummen Sprachen.« Daher konnte das eigentlich nicht der Grund sein, dass sie im September nicht versetzt wurde.

In der Schule sammelten wir ganz unterschiedliche Erfahrungen, so wie auch schon in Lingfield: Andra hatte eine sehr alte und konservative Lehrerin, die den Mädchen wie früher das Häkeln beibrachte. Diese Lehrerin tendierte dazu, Andra bloßzustellen und zu demütigen, vermutlich weil Andra Jüdin war. Die alten Vorurteile kehrten zurück. Dauernd hieß es: »Andra, raus!« Die Frau bestrafte sie für jede Kleinigkeit. Zum Glück hatte Mama sehr schnell begriffen, mit was für einer Frau sie es hier zu tun hatte, und stellte sich auf die Seite ihrer Tochter. Sie tröstete Andra und sprach ihr Mut zu.

Tati hingegen hatte eine »formidable« Lehrerin mit Namen Laura Lussi. Sie bat Tati am ersten Schultag, vor der ganzen Klasse ihre Geschichte zu erzählen. Einmal und dann nie wieder. Für Tati war es eine Erleichterung: Die Klassenkameraden hörten ihr schweigend zu. Es kam ihr so vor, als hätten in diesem Moment die Mitschüler und die Lehrerin ihr Bedürfnis verstanden, all das herauszulassen, was in ihr war. Der Schulalltag von Tati war voller neuer Freundinnen, und Mama bat sie immer, auch Andra mitzunehmen, damit sie ebenfalls Anschluss fand.

Im September 1947 wechselten wir im neuen Schuljahr auf die schöne, neu errichtete De-Amicis-Schule, die sogar eine Turnhalle und Duschen hatte. Das Gebäude stand am Ende einer Steigung, die wir jeden Tag allein erklommen. Gemeinsam legten wir Hin- und Rückweg zurück. Auf dem Heimweg rannten und sprangen wir die Steigung hinunter. Selbst wenn die Welt untergegangen wäre, hätte Mama uns nicht abgeholt. Wir waren es also vom ersten Tag an gewohnt, unabhängig zu sein. Vielleicht wollte sie es genau so. Und uns war es absolut recht. Vor der Schule haben wir Mama nie vermisst, und wir hielten uns auch nicht für etwas Besonderes, weil sie uns nicht abholte. Es war einfach völlig normal.

Mama brachte uns bei, unabhängig und großzügig zu sein. 1951 fand Andra eines Tages auf dem Heimweg von der Schule 5.000 Lire, was damals sehr viel Geld war. Gerade hatte es eine schwere Überschwemmung des Polesine in der Region Rovigo gegeben, und zu Hause sagte Andra zu Mama, dass sie das Geld den Flutopfern spenden wollte. Das tat sie dann und brachte das Geld zum Büro der RAI in Triest.

In der Schule sprachen wir mit unseren Freunden nie über Auschwitz. Sie fragten nicht, wir erzählten nicht. Sie wussten von Birkenau, weil Tati ihnen ja am ersten Tag davon berichtet hatte, und das genügte. Auch wir beide sprachen untereinander nicht davon, nur von Lingfield, nach dem wir Heimweh und große Sehnsucht hatten. Der Wechsel von England nach Italien war für uns anfangs schwierig gewesen. Vor allem für Andra, die bei Tisch das Essen vermisste, das in Lingfield täglich serviert worden war. Zum Trost trank sie abends immer einen Milchkaffee: Diese Gewohnheit war für sie wie die Kuscheldecke von Linus von den *Peanuts*. Zusammen mit unseren Freundinnen kauften wir Lakritz, amerikanisches Kaugummi und Bonbons. Das waren unsere größten »Laster«, so wie für alle Kinder und Heranwachsenden in Italien in der Nachkriegszeit, die damals nicht viel Geld hatten. Tati war verrückt nach Quittenbrot. Sie brach die rautenförmigen Tafeln in winzige Stücke und teilte sie mit ihren Freundinnen.

Papa arbeitete bis 1949 fest für die alliierte Regierung in Triest. Dann heuerte er wieder beim Lloyd an. Er wurde einem Schiff zugeteilt, das den gleichen Namen trug wie das, das 1940 vor seiner Gefangennahme versenkt worden war: *Timavo*. Das Schiff war gerade erst gebaut und in Amerika vom Stapel gelaufen. Papa wurde mit seinen Kollegen dorthin geschickt, um es nach Europa zu überführen. In New York traf er amerikanische Kollegen, die sehr gastfreundlich waren und ihn eigentlich nicht mehr gehen lassen wollten. Sie baten ihn zu bleiben oder mit seiner gesamten Familie dorthin zu ziehen. Aber er ließ sich nicht erweichen. Es war, als ob er sich noch ein weiteres Mal für unser Familienleben entschied, das wir durch den Krieg und die Deportation verloren hatten.

Vom Lloyd bekam Papa seine Heuer nur, wenn er an Bord war. Daher war er immer viele Wochen von zu Hause fort, denn sein Lohn war die einzige Einkommensquelle für unsere Familie. Natürlich gab es Menschen, denen es viel schlechter ging als uns.

Papa fuhr nach Afrika und in den Osten, und wenn er weit weg war, schrieb er uns immer viele Briefe. Da wir mittlerweile groß genug waren, um selbst antworten zu können, ergänzten wir Mamas Briefe immer mit einem Gedanken oder einer Zeichnung. Manchmal, wenn er in Neapel oder Genua anlegte, fuhr Mama zu ihm, während wir in Triest bei Großmutter Maria blieben. Als wir größer wurden, blieben wir auch allein zu Hause.

1953 mussten wir umziehen. Da wir nicht wussten, wo wir hinsollten, baten wir die Behörden der Stadt um Hilfe, die uns anfangs im *Silos,* dem langen Gebäude neben dem Hauptbahnhof, unterbringen wollte. Auf dem Vorplatz war ein behelfsmäßiges Lager für Flüchtlinge aus Istrien entstanden, die immer noch kamen und deren Zahl in jenen Monaten immer mehr anstieg. Mama und wir beide hatten Angst, dort zu landen. Nicht nur wegen der Lebensbedingungen und der behelfsmäßigen Zelte, in denen die Flüchtlinge dort hausen mussten; sondern auch, weil es derselbe Platz war, zu dem man uns auf dem Lastwagen von der *Risiera* aus gebracht hatte, um von dort in den Zug nach Auschwitz zu steigen. Mama fing an zu weinen, als wir uns den Ort ansahen. Sie sagte: »Ich habe bereits genug gelitten. Hier ziehe ich mit meinen Töchtern nicht hin.« Schließlich half uns Onkel Enrico, der Mann von Tante Tonci. Er sagte uns, dass wir uns in der Wohnung verbarrikadieren sollten. Dann rief er die Journalisten der Zeitung *Il Piccolo* an: Eine Familie von Ex-Deportierten wird gezwungen, in einem Flüchtlingslager zu leben!

Stellen Sie sich die Wirkung dieses Artikels vor, als er veröffentlicht wurde. Schließlich bot man uns eine Wohnung in einem neuen Viertel an, das die Amerikaner gerade auf einem Hügel errichteten. Vorgefertigte Häuschen, ganz in der Nähe der *Villa Revoltella* und ihrem Park. Und dort änderte sich endlich unser Alltag. Es waren Einfamilienhäuser, sehr schön und bequem, mit Blick auf das Meer. Alle waren mit Küche, Bad, großen Schlafzimmern und einem Wohnzimmer ausgestattet. Anfangs war Mama etwas verzweifelt, weil sie nicht so weit vom Stadtzentrum entfernt wohnen wollte, aber wir haben sie schließlich überredet.

Nach der Grundschule besuchten wir die Mittelschule Giosuè Carducci in der Via Madonna del Mare, gleich bei der Kirche Sant'Antonio. Hier besserte sich auch für Andra der Schulalltag ganz entscheidend. In der Mittelschule haben unsere Klassenkameraden uns ebenfalls nie irgendetwas über unsere Vergangenheit gefragt. Und wir hatten keine große Lust, davon zu erzählen. Wenn wir mit dem Bus fuhren und uns an den Haltegriffen festhielten, rutschten oft unsere Ärmel herunter und entblößten die tätowierten Nummern auf unseren Armen. Dann fragten uns manchmal die Leute, ob das Telefonnummern wären, und wir sagten, ja. Was hätten wir ihnen erzählen sollen?

Im Gymnasium, als wir schon fast erwachsen waren, begannen wir jedoch, ein bisschen davon zu erzählen, aber nur ein paar guten Freunden wie Lucio Saetti. Mehr oder weniger wussten alle, dass wir »die Mädchen aus dem Lager« waren. Das war an sich nichts Ungewöhnliches, da das alles ja während des Krieges und später auch in Jugoslawien passiert war. Außergewöhnlich waren die Art des Lagers, in dem wir gewesen waren, und die Gründe dafür. Doch davon wussten die anderen damals noch nichts oder viel zu wenig. Die Shoah, die Deportationen und die Verfolgungen wurden erst sehr viel später allgemein bekannt. Damals erzählten wir unseren Freunden, mit denen wir ans Meer fuhren und die unsere Nummern auf den Armen sahen, dass wir in Auschwitz gewesen waren. Und das war alles.

Langsam entwickelte sich unser Alltag zu einem ganz normalen Leben. Sonntags gingen wir oft in die Messe, weil Mama es so wollte. Manchmal fuhren nur wir zwei im Bus dorthin. Manchmal hatten wir keine Lust oder hatten die Nase voll vom Gottesdienst. Dann taten wir so, als würden wir hingehen, aber in Wirklichkeit trafen wir uns mit Freunden in der Stadt. Einmal, als wir gerade die Sonntagsmesse schwänzten, trafen wir Papa im Bus. Wir waren sechzehn oder siebzehn. Er setzte sich zu uns, ohne ein Wort zu sagen. Als wir abends nach Hause kamen, sagte Papa immer noch nichts, während Mama uns einen Monat Hausarrest erteilte: keine Ausflüge ans Meer, nicht mal am Nachmittag, und keine Spaziergänge in der Stadt.

So war Mama: sehr streng und beschützend. Auf der einen Seite drängte sie uns dazu, selbstständig zu sein, auf der anderen Seite achtete sie sehr darauf, was wir taten. Vielleicht hatte sie Angst, uns erneut zu verlieren, vielleicht wollte sie uns nur auf bestmögliche Art erziehen, um uns so stark und unabhängig wie möglich zu machen. Einmal waren wir auf einer Party in Triest, und sie forderte, dass wir abends um zehn wieder zurück wären. Natürlich verspäteten wir uns. Wir hatten Spaß, alle tanzten. Es war Sommer. Und wir sollten um neun aufbrechen, um pünktlich um zehn zu Hause zu sein? Wir blieben bis Mitternacht. Dann brachte unser Freund Lucio uns nach Hause. Mama erwartete uns mit verschränkten Armen am Fenster. Sie grüßte Lucio höflich und bedankte sich, so wie es sich gehört. Dann sah sie uns an und sagte: »Es ist spät, wir gehen ins Bett. Das andere müsst ihr büßen … wir reden morgen früh darüber.« Es gab einen weiteren Monat Hausarrest. Vielleicht wollte sie uns beschützen, vielleicht dachte sie, dass wir mit den Avancen der Jungs nicht umgehen könnten. Wer weiß. Wenn sie Papa in Genua oder Neapel traf, feierten wir oft kleine Partys bei uns zu Hause. Zum Glück haben uns unsere Nachbarn nie verpfiffen und nie etwas erzählt.

Unsere Mutter war eine liebevolle und strenge Frau. Aber sie war auch sehr großzügig. Als sie die Wiedergutmachungsrente als ehemalige Lagerinsassin bewilligt bekam, inklusive einer rückwirkenden Zahlung, beschloss sie zu feiern. Wir aßen in einem Restaurant zu Abend. Das muss Anfang der 1980er-Jahre gewesen sein. Die schönen Dinge teilte sie gern mit den Menschen, die sie liebte. Sie war stark und beschützend. Das war sie immer gewesen, in Fiume, in Birkenau und hinterher in Triest. Es war ihre Großzügigkeit, ihre unbändige Lebenslust trotz allem und ihre große Liebe zu uns, die uns während des Krieges retteten und mit der sie uns hinterher wiederfand.

Mit Tante Gisella hatten wir ein wundervolles Verhältnis. Sie kam uns oft besuchen, und jeden Sommer verbrachte sie zusammen mit Mariolino ein paar Wochen bei uns. Einmal, als wir noch am Hafen wohnten, haben wir uns alle unglaublich erschrocken. Mario war verschwunden. Wir suchten ihn überall, an der Werft, auf der Mole, überall. Auch die Männer, die ganz in der Nähe arbeiteten, suchten mit. Sie erinnerten sich an ihn, weil er ein lustiger Junge mit blonden Locken war. Tante Gisella war völlig verzweifelt. Sie weinte und schrie. Dann tauchte Mario plötzlich wieder auf: Auf der Treppe im Haus stand eine Hundehütte, und er kam auf allen vieren daraus hervorgekrabbelt. Er war dort hineingekrochen und eingeschlafen. Selbst wenn wir heute daran denken, bekommen wir eine Gänsehaut. Damals verstanden wir Tante Gisella noch nicht so gut, aber heute können wir ihre Verzweiflung natürlich viel besser nachvollziehen: Es war nicht nur die Verzweiflung irgendeiner Mutter, die ihren Sohn nicht fand. In ihr war die ganze Angst wieder hochgekommen, die Trennung von Sergio noch einmal durchmachen zu müssen.

Auch mit Tante Gisella haben wir nie über die Vergangenheit gesprochen, nicht über Auschwitz und was uns dort widerfahren ist. So wie wir fast nie mit Papa darüber geredet haben. Mit ihm sprachen wir viel über Lingfield, aber nicht über Birkenau. Und vor allem haben wir nie mit Mama darüber gesprochen. Sie hat Polen und Deutschland tatsächlich nie wieder erwähnt. Wie vielen anderen Deportierten glaubte man auch ihr nicht, als sie nach der Rückkehr nach Italien versuchte, ihren Freundinnen zu erzählen, was ihr in Birkenau und danach zugestoßen war. Also redete sie einfach nie mehr darüber. Wir wissen nicht einmal, wie viel Mama und Papa untereinander darüber gesprochen haben. Aber es passierten immer mal wieder solche Episoden wie diese: Eines Abends, wir waren sechzehn oder siebzehn, waren wir alle zu Hause und sahen im Fernsehen eine Dokumentation über die Konzentrationslager. Wir beide und Mama brachen in Tränen aus. Da stand Papa auf und machte den Fernseher aus. Niemand sagte ein Wort. Wir gingen ins Bett, und niemand sprach in den folgenden Tagen über diesen Vorfall.

Mama sagte 1976 im Prozess über die Verbrechen in der *Risiera* als Zeugin aus, in dem der Kommandant Joseph Oberhauser in Abwesenheit verurteilt wurde. Ihre Aussage wurde auch in der Zeitung *Gazzettino* am 3. März 1976 veröffentlicht. Doch zu Hause sagte sie nie etwas. Das erfuhren wir allerdings erst viele Jahre später.

Darum wissen wir nur sehr wenig, eigentlich fast nichts darüber, was genau sie erlebt hat. Neben einem kurzen Zeitzeugenbericht für ein Buch über die Juden von Fiume hat Mama nur ein einziges Mal der RAI ein Interview gegeben, in dem sie erzählte, was sie durchgemacht hatte. Aber auch dort berichtete sie nur einen Teil und längst nicht alles. Das Interview ging gekürzt und zusammengeschnitten auf Sendung. Die gesamte Aufnahme von jenem Nachmittag haben wir nirgends ausfindig machen können.

Eine der wenigen Episoden, die wir kennen, ist die mit der Schere. In Birkenau war Mama gezwungen, lange Knäuel aus plastiküberzogenem Material zu entwirren. Eines Tages griff ein SS-Mann sie unter einem banalen Vorwand an, zwang sie auf die Knie und forderte sie auf, sich die Spitze der Schere gegen die Brust zu halten. Dann gab er ihr von hinten einen Stoß, sodass sie vornüberfiel. Mama rettete sich nur, weil sie ahnte, was der Deutsche vorhatte, und sich in letzter Sekunde die Schere von der Brust reißen konnte. Sonst wäre sie gestorben.

Mama vertraute sich nur ihrer besten Freundin Henny an. Sie war jünger als Mama, und beide hatten sich erst nach dem Krieg kennengelernt. Wir nannten sie liebevoll Tante. Henny kam praktisch jeden Abend zu uns. Sie arbeitete als Sekretärin in der Poliklinik und besserte ihr Gehalt mit Näharbeiten auf. Wenn sie zu uns kam, bat sie Mama, ihr mit den Stoffen und den Kleidern zu helfen. Sie machten den ganzen Abend nichts anderes, als zu nähen und zu reden, zu reden und zu nähen. Ihr erzählte Mama die ganze Geschichte, alles, was sie in Birkenau erlebt hatte, und was hinterher passierte. Aber sie ließ Henny schwören, dass diese nie irgendjemandem etwas davon erzählen würde, schon gar nicht uns. An diesen Schwur hat Henny sich gehalten.

Mama bewahrte ein paar Dinge aus der Zeit im Lager in einem Koffer auf dem Dachboden auf. Es war ein großer Dachboden, auf dem wir oft spielten. In dem Koffer war ein Kleid, das sie als Inhaftierte getragen hat, allerdings nicht in Auschwitz. Vermutlich bekam sie dieses bei einer der vielen Verlegungen, denn es hatte ein großes rotes Kreuz auf dem Rücken, damit man sie im Falle einer Flucht sofort erkennen konnte. Eines Tages war dieser Koffer verschwunden. Aber selbst wenn wir ihn öffneten, sprach Mama nie mit uns über Birkenau. Unsere Briefe aus Lingfield jedoch verwahrte sie, wie schon gesagt, in ihrem Nachttisch; damals haben wir sie immer wieder durchgeblättert, weil wir neugierig waren. Aber leider wissen wir nicht, wo sie geblieben sind.

Wir sind davon überzeugt, dass Mama ganz allgemein nicht über das Geschehene und vor allem nicht mit uns darüber sprach, weil sie uns beschützen wollte. Wir sollten nicht darunter leiden, was sie alles hatte mit ansehen und erleiden müssen. Und vielleicht war dies auch ihr ganz eigener Versuch gewesen zu vergessen. Sie wollte uns auf diese Art vermutlich dazu bewegen, dass wir nach vorn schauten und nicht zurück.

Das alles – unsere Vergangenheit, Mamas Entscheidungen – prägte unsere Beziehung zum jüdischen Glauben, die nicht immer einfach und auch nicht gradlinig gewesen war. Wir haben sie erst in den vergangenen Jahren wirklich aufgebaut, vielleicht, weil man im Alter eine größere Gelassenheit gegenüber sich selbst und den eigenen Erfahrungen entwickelt. Wir glauben jedoch nicht – im Gegensatz zu vielen anderen –, dass die Rückkehr zu unseren familiären Wurzeln etwas damit zu tun hat, dass wir anfingen, als Zeitzeugen öffentlich über unsere Erfahrungen zu sprechen. Das war ein viel längerer Weg voller unzähliger kleiner Schritte gewesen. Heute fühlen wir uns wirklich als Jüdinnen, gestärkt durch unsere Kultur und unser Erbe. Tatiana antwortet auf die Frage, ob sie an Gott glaube, gern damit, dass sie vor allem an das Leben glaubt.

In Auschwitz waren wir uns unseres Jüdischseins bewusst, aber nicht im Sinne des Glaubens, sondern wegen der dortigen Lebensumstände: Die *Blockowas* hatten uns ja gesagt, dass, wer im Lager war wie wir, Jude war, und dass wir dazu bestimmt waren, es durch den Kamin zu verlassen.

In Lingfield begannen wir dann zu begreifen, dass das Judentum etwas ganz anderes war. Denn dort durften wir singen, tanzen und über unsere Identität diskutieren. Wie schon gesagt, brachte man uns auch ein bisschen Hebräisch bei. Doch als wir nach Triest zurückkehrten, entfernten wir uns wieder etwas davon.

Mama wollte uns ja tatsächlich katholisch erziehen. Nicht weil sie gläubig war (ganz im Gegensatz zu Tante Gisella, die die heilige Rita sehr verehrt hat), sondern weil sie uns beschützen wollte. Das war auch der Grund, warum sie uns hatte taufen lassen. Sie bestand auch darauf, dass wir die Erstkommunion und die Firmung bekamen, als wir noch nicht einmal zehn Jahre alt waren (das ist etwas, was wir noch nie zuvor erzählt haben). Im Grunde aber waren wir nur Kinder, die ihren Eltern gehorchten. So gingen wir auch nur zur Messe, weil Mama es so wollte. Für uns war alles ganz einfach und normal: die Schule, der Religionsunterricht, die Fächer, die Katechismusstunden, in denen man uns beibrachte, dass die Juden an Jesus' Tod schuld waren. Wir kamen sogar an den Punkt, dass wir böse auf Mama waren, weil sie nicht kirchlich geheiratet hatte!

Ein paar Jahre lang gingen wir noch zur Messe, bis etwas passierte, das es uns verleidete. An einem Sonntag warf uns der Priester nämlich unter einem banalen Vorwand aus der Kirche, nur weil wir abgelenkt waren und einen Freund begrüßen wollten, der gerade eingetreten war. Das passte uns natürlich überhaupt nicht und hat etwas in uns ausgelöst, das bereits in uns gärte.

In den Jahren unserer Kindheit und Jugend beschränkte sich der jüdische Glaube in unserer Familie auf das Feiern der Feste. Mama sagte uns ab und zu, dass sich dieser oder jener Feiertag ankündigte und erzählte, wie Großmutter Rosa ihn gefeiert hätte. Zu Pessach zum Beispiel aßen wir nur ungesäuertes Brot. Vielleicht war es für Mama statt einer Glaubensfrage eher ihre Art, sich an die eigene Mutter zu erinnern, die nicht mehr da war.

Papa erlebte einen glücklichen Lebensabend. Er konnte außergewöhnlich gute Süßspeisen zubereiten und zwar ganz hervorragend. Nachdem er in Rente gegangen war, marschierte er jeden Morgen in die Stadt und kaufte *Il Piccolo*. Dann ging er zum Hafen, traf dort seine Freunde, kam zu spät nach Hause und sagte bei der Rückkehr zu unserer Mutter: »Ich bin auf eine Klippe gelaufen und musste dort ankern.« Er ist im Juni 1985 mit 79 Jahren gestorben.

Gleich nach Papas Tod erkrankte Mama im Sommer 1985. Papa hatte zum Glück nicht viel gelitten und ging schnell von uns. Mama jedoch machte eine lange Leidenszeit durch und war die letzten zwei Jahre ihres Lebens immer wieder im Krankenhaus. Sie starb am 22. August 1987. Tatiana war nach Triest gekommen, um ihr beizustehen. Sie wechselte sich aber mit Andra ab, die in Padua wohnte und ständig bei Mama war. Im Krankenhaus flüsterte sie ihr kurz vor dem Tod ihre letzten Worte zu: »Ich kann nicht mehr.« Dann fiel sie ins Koma und verstarb zwei Stunden später. Tati erinnert sich, das sie nicht geweint, aber gedacht hat: »Endlich leidet sie nicht mehr.« Denn Mama hatte eine Krankheit gehabt, die zuerst den Geist und später den Körper zermürbte.

Die Entscheidung, sie auf dem jüdischen Friedhof zu beerdigen, war für uns selbstverständlich. Nicht nur, weil sie am Ende ihres Lebens auf ihre Art dem Christentum abgeschworen und ihren jüdischen Glauben zurückerobert hatte, sondern auch weil wir beide mit den Jahren eine Beziehung zu unserer Familiengeschichte und unserer Herkunftskultur entwickelt haben. Wenn wir sie heute dort besuchen, begrüßen wir sie und sprechen ein Gebet, auch für Papa, obwohl er auf einem anderen Friedhof liegt. Für beide legen wir einen Kiesel auf ihr Grab.

Das neue Leben von Tatiana

Als wir älter wurden, haben wir unsere eigenen Familien gegründet. Heute sind wir zwei Frauen, die trotz der schrecklichen Erfahrungen in der Lage waren, zu heiraten, zu lieben, Kinder großzuziehen und nun wunderbare Enkel haben.

Nach der Wirtschaftsschule begann ich, Tatiana, in der Import-
Export-Firma eines Onkels zu arbeiten. Später war ich Sekretärin
eines Chefarztes in der Salus-Klinik. In meiner Jugend hatte ich
ein paar Flirts, die jedoch bedeutungslos waren. Dann lernte ich
Gianfranco kennen. Ich war zwanzig Jahre alt und verkehrte in
den gleichen Kreisen wie er, allerdings liefen wir uns dort nicht oft
über den Weg. Schließlich bändelte er mit mir an, wie wir in Triest
sagten. Wir waren sechs Jahre verlobt, denn Gianfranco wollte vor
der Hochzeit erst eine ordentliche Arbeitsstelle finden. Er besuchte die Dolmetscherschule, doch sein Ziel – das er auch wirklich erreicht hat – war es, Beamter bei der Europäischen Gemeinschaft in Brüssel zu werden.

Gianfranco kam aus einer Triester Familie, den Pertoldi. Mein Schwiegervater war Sportlehrer. Während Gianfrancos Kindheit hatte die Familie ein paar Jahre in Ljubljana gelebt. 1944 zogen sie nach Bergamo, wo mein Schwiegervater den Familien von Partisanen half, obwohl er eigentlich mit den Faschisten sympathisierte. In dem Durcheinander der italienischen Befreiung am Kriegsende setzten sich dann die Partisanen der Gegend für ihn ein. Nach dem Krieg zog die Familie in ihre Heimatstadt zurück.

Wir haben 1964 in Triest geheiratet; ich war sechsundzwanzig Jahre alt. Die ersten Ehejahre waren wunderbar. Wir wohnten in Brüssel und sind viel durch Europa gereist. Für eine kurze Weile habe ich am IRI, dem Istituto per la Ricostruzione Industriale (dem Institut für industriellen Wiederaufbau), gearbeitet und dann zeitweise für die Europäische Gemeinschaft, ganz in der Nähe von Gianfrancos Büro. Ich habe das Berufsleben sehr gemocht und es bedauert, dass ich es nach der Geburt meiner Söhne beenden musste. Als sie dann etwas älter waren, habe ich wieder bei der Europäischen Gemeinschaft angefangen und Freundinnen vertreten, die in Mutterschutz gingen.

Unser erster Sohn, Stefano, kam 1968 auf die Welt. Mama war angereist, um mich bei meiner ersten Niederkunft zu unterstützen. Auch deshalb war sie so etwas Besonderes. Lorenzo kam 1970. Bei beiden hat die Geburt nur sehr kurz gedauert. Lorenzo wurde sogar zu Hause geboren, als wir uns gerade auf den Weg ins Krankenhaus machen wollten. Stefano erinnert sich noch genau, wie er in unser Schlafzimmer kam und mich mit seinem Brüderchen im Arm gesehen hat.

Nachdem ich meine Söhne geboren hatte und Mutter geworden war, kamen mir zwei Gedanken. Der erste war, dass Papa glücklich gewesen wäre. Der zweite betraf Mama: Wie musste sie gelitten haben, als wir sie im Lager ablehnten, weil sie uns mit ihrem mageren und hässlichen Aussehen so erschreckt hatte. Und dann passierte das auch noch ein zweites Mal, während unserer chaotischen Ankunft am Bahnhof von Rom.

Mama hatte ein wunderbares Verhältnis zu Gianfranco und zu ihren Enkelsöhnen, die sie vergötterte, auch wenn sie sie nicht allzu oft sah, da wir ja in Brüssel lebten.

Gianfranco habe ich all meine Erlebnisse aus Birkenau erzählt, gleich nachdem wir uns kennenlernten. Ihm habe ich immer sehr vertraut, und es war für mich ganz selbstverständlich, ihm davon zu berichten. Er erzählte meine Geschichte seiner Familie und seiner Mutter. Sie hatte viele enge jüdische Freunde, die ermordet worden waren und heute neben dem Grab von Mama liegen. Wenn ich auf den Friedhof gehe, bringe ich auch ihnen immer Kieselsteine mit. Mit der Familie meines Mannes habe ich mich wirklich sehr gut verstanden. Wir hatten nie Probleme. Auch wenn sie aus einer politisch rechten Familientradition kamen, haben sie mich als Jüdin nie abgelehnt, ganz im Gegenteil: Meine Schwiegermutter stand mir sehr nah und war immer besonders sensibel, was unsere Vergangenheit anging.

Gianfranco ging meine Geschichte unglaublich zu Herzen, und er litt deshalb sehr. So sehr, dass er nie die Kraft aufbrachte, nach Birkenau zu fahren. Doch er spornte mich immer an, hinzufahren und als Zeitzeugin darüber zu berichten. Wenn ich Zweifel hatte, ob ich an einer Gedenkreise teilnehmen sollte oder nicht, ermutigte er mich mitzufahren, für mich und die anderen. Aber er schaffte es nie, mich zu begleiten. Er starb völlig überraschend am 22. August 2018, an Mamas Todestag, im Kreis seiner liebenden Familie, während Andra und ich gerade diese Seiten schrieben.

Mit meinen Söhnen sprach ich erst sehr spät über alles; sie haben mich nie gefragt, was die Nummer auf meinem Unterarm bedeutete, und ich hielt sie immer für zu jung für die Wahrheit. Sie fingen an zu verstehen, als Andra und ich im Oktober 1978 für die Sendung »This is your life«, die Alice Goldberger und dem Lingfield House gewidmet war, nach London reisten. Je älter sie wurden, umso öfter stellten sie Fragen.

Der wichtigste Moment aber war, als ich den Anruf von Luigi Sagi bekam. Luigi, von Freunden Gigi genannt, war 1925 in Fiume geboren worden. Er wurde zusammen mit seinem Vater Ende März 1944 verhaftet und im selben Transport wie wir nach Auschwitz deportiert. Auch er überstand die Selektion und wurde unter der Nummer 179609 interniert, also quasi zusammen mit unserem Cousin Sergio. Gigi gehörte zu den ersten Italienern, die als Zeitzeugen von ihren Erlebnissen erzählten und viele Schüler auf den Erinnerungsreisen durch Birkenau führten. Es muss gegen Ende der 1990er-Jahre gewesen sein, da hatten wir gerade angefangen, öffentlich über unsere Geschichte zu berichten. Ich hatte ein Interview mit Gigi in einer Zeitung gelesen und stellte fest, dass er eine Nummer hatte, die sehr dicht an Sergios Nummer war. Daher rief ich die jüdische Gemeinde in Rom an, ob sie mir einen Kontakt zu ihm vermitteln könnte.

Als er mich anrief, begann ich zu zittern und wäre fast vor Aufregung in Ohnmacht gefallen. Stefano war bei mir; ich erinnere mich genau, dass er mir einen Stuhl hinstellte, damit ich mich setzen konnte. Ich habe lange mit Gigi gesprochen, aber er erinnerte sich leider nicht an Sergio.

Ab diesem Zeitpunkt habe ich auch meinen Söhnen von diesen weit zurückliegenden Dingen erzählt. In den vergangenen Jahren waren die beiden sehr engagiert. Aber mir war es lieber, dass sie mich einzeln nach Auschwitz-Birkenau begleiteten. Denn wären sie beide gemeinsam mit mir dorthin gefahren, hätte es mich vermutlich emotional völlig überwältigt und wäre zu belastend gewesen. So wurden es jedoch zwei schöne Reisen.

Jetzt möchte ich mit meinen Enkeln nach Auschwitz reisen, denn sie sind mittlerweile groß genug, um zu verstehen. Sie haben angefangen, Fragen zu stellen. Mit ihnen kann ich viel freier darüber reden. Vielleicht liegt es am Alter, vielleicht ist es die große Erfahrung, die ich in den vergangenen Jahren gesammelt habe, oder die Art, wie ich es mit meinen Söhnen gemacht habe. Stefano und Lorenzo habe ich immer für zu jung gehalten, um ihnen von meinen Erlebnissen zu erzählen, meine Enkel hingegen nicht. Ich weiß nicht, weshalb.

Ein Erlebnis mit meinem Enkel Luca hat mich darauf gebracht. Es passierte vor ein paar Jahren, als Lorenzos Sohn fünf oder sechs Jahre alt war. Er war bei mir und meinem Mann geblieben und jammerte herum – was wirklich selten vorkam. Ständig rief er nach seiner Mama, so wie kleine Kinder das eben tun. Da habe ich ihm gesagt: »Morgen kommt deine Mama, morgen hast du sie wieder. Als wir klein waren, hatten wir unsere Mama nicht und haben trotzdem nie geweint.« Stille. Er sagte kein Wort mehr. Aber als wir am nächsten Morgen in der Küche allein frühstückten, fragte er mich, warum ich keine Mama gehabt hätte. Das hätte ich nie erwartet. Und da habe ich versucht, es ihm mit den richtigen Worten zu erklären, so wie es für ein Kind in seinem Alter angebracht ist.

In den vergangenen Jahren bin ich oft in die Schulen meiner Enkel gegangen. Sie haben diese Treffen zusammen mit ihren Lehrern und Mitschülern organisiert. Den Menschen, die man liebt, also den leiblichen Kindern oder dem Ehemann, die eigene Geschichte zu erzählen fällt viel schwerer, als Fremden davon zu berichten. Ich hatte immer Angst, meine Lieben zu verletzen oder ihnen Leid zuzufügen. Heute mit dem Abstand der Jahre würde ich gern mit meiner ganzen Familie nach Birkenau zurückkehren. Und wenn meine Gesundheit es zulässt, werden wir es tun.

Das neue Leben von Andra

Nach der Schule arbeitete ich, Andra, als Verkäuferin im Kaufhaus Standa. Dort lernte ich meinen zukünftigen Ehemann, Arnaldo Pezzoni, kennen. Er war in meinem Alter, ebenfalls 1939 geboren. Er kam aus Bergamo und war nach Triest gezogen, um als Assistent eines leitenden Angestellten zu arbeiten. Er war meine einzige Liebe. Wir verlobten uns 1962, als ich dreiundzwanzig Jahre alt war, und heirateten kurz darauf in Triest, im Oktober 1963. Unsere Hochzeitsfeier war sehr schön, auch wenn ein paar Mitglieder aus Arnaldos Familie nicht dabei waren, weil sie gegen unsere Ehe waren. Vielleicht hätte es seine Familie lieber gesehen, wenn er eine Frau aus einer höheren sozialen Schicht geheiratet hätte.

Die Beziehung zur Familie meines Mannes war anfangs kompliziert. Meine Schwiegermutter arbeitete als Grundschullehrerin und mein Schwiegervater als Zollbeamter. Solange wir in Mailand wohnten und mein Mann sie in Bergamo besuchte, bin ich nicht oft mitgefahren, sondern lieber zu Hause geblieben. Sie haben mich erst richtig akzeptiert, als sie erfuhren, dass ich schwanger war. Mit ihnen habe ich nie über meine Vergangenheit gesprochen, aber sie wussten davon, weil Arnaldo es ihnen erzählt hatte. Einmal fragte mich meine Schwiegermutter: »Aber was ist so anders an euch als an uns?« Sie spielte auf mein Jüdischsein an; ich antwortete ihr sehr ironisch: »Anders ist nichts. Wir sind nur schlauer.« Es war meine Art zu sagen, dass wir trotz allem, trotz der Verfolgung immer noch hier sind. Meine Schwiegermutter verstand. Sie war eine sehr scharfsinnige Frau.

Mit Arnaldo zog ich gleich nach der Hochzeit nach Mailand, wo er eine bessere Arbeit in einer Farbenfabrik gefunden hatte. Mein Mann war sehr extrovertiert, offen, phantasievoll und wollte hoch hinaus; es lag ihm viel daran, Karriere zu machen. Er hatte klare Vorstellungen. Arnaldo wollte nicht, dass ich arbeite. Er sagte immer, dass sein Gehalt mehr als ausreichend für uns wäre. Schweren Herzens verzichtete ich, denn ich hätte gern einen Beruf ausgeübt. Später sollte ich diesen Verzicht noch schwer bereuen. Damals jedoch war so eine Entscheidung völlig normal. Arnaldo erzählte ich ziemlich früh meine Geschichte und ergänzte mit der Zeit immer mehr Einzelheiten, die mir wieder einfielen. Ich vertraute meinem Ehemann sehr, und er brachte mir bei, mich den Menschen zu öffnen. Er drängte mich dazu, als Zeitzeugin zu berichten. Er sagte, dass es mir guttun würde, die Erinnerungen herauszulassen. In diesem Bereich war er sehr offen und weitsichtig. Er war auch meinen Eltern eng verbunden und mochte sie sehr gern.

Einige Jahre später – Arnaldo war immer noch auf der Suche nach einer besseren Arbeitsstelle, die der Familie noch mehr Sicherheit bieten sollte – zogen wir zuerst nach Saronno und 1967 dann nach Padua. Dort arbeitete er wieder in einer Farbenfabrik, dessen Eigentümer ihn unter seine Fittiche nahm. Er behandelte ihn wie einen Sohn, vielleicht weil er selbst nur Töchter hatte. Nach dieser Erfahrung beschloss mein Mann, sich selbstständig zu machen, und die Dinge liefen auch wirklich gut. Doch das Schicksal ändert alles: Wenig später erkrankte er schwer und verstarb sehr schnell. Er ist 1985 viel zu jung gestorben. Damals waren wir beide gerade einmal fünfundvierzig Jahre alt. Am Ende litt er sehr. Wir beide haben uns unglaublich geliebt. Es war eine wunderschöne Zeit zusammen, die viel zu schnell und viel zu böse endete.

Wir haben zwei Töchter: Mira Tatiana, geboren 1964 in Bergamo, und Sonia, geboren 1969 in Padua. Die Wahl, unsere Erstgeborene Mira Tatiana zu nennen, traf mein Mann. Sie kam auf die Welt, als wir in den Bergen Urlaub machten, zwei Monate vor dem eigentlichen Geburtstermin, genauso wie später auch ihre Schwester Sonia. Eigentlich wollte ich meine erste Tochter Tatiana nennen (so rufen wir sie heute in der Familie), aber Arnaldo bestand darauf, dass wir den Namen Mira davorsetzen, den Namen meiner Mutter, zu der er eine sehr starke Bindung hatte. Am Anfang war ich etwas skeptisch und hatte Hemmungen. Nicht wegen Mama, sondern weil ich Angst davor hatte, wie meine Schwiegereltern wohl reagieren würden. Sie hätten ihre Enkelin gern Teresa genannt, nach Arnaldos Mutter. Aber da war nichts zu machen, mein Mann setzte sich durch. Es war ein großer Liebesbeweis, für den ich ihm heute noch dankbar bin.

Meine Mutter ist zu meinen Töchtern sehr liebevoll gewesen. Ihre fürsorgliche Strenge, die sie uns beiden gegenüber hatte walten lassen, verschwand bei ihren Enkelinnen, so wie es eigentlich bei allen Großmüttern passiert. Sie zeigte ihre Liebe sehr deutlich: Sie küsste meine Töchter, kuschelte mit ihnen, wahrscheinlich viel mehr, als Tati und ich es von Mama gewohnt waren und sie von uns.

Arnaldo ist im Juni gestorben, zwei Tage nach dem Tod meines Vaters. Ich war in Triest am Krankenbett meines Vaters, als mich der Arzt anrief, der meinen Mann seit ein paar Wochen behandelte. Er teilte mir mit, dass sich Arnaldos Gesundheitszustand sehr verschlechtert hatte und fügte hinzu: »Wie können Sie Ihren Ehemann nur allein lassen?« Ich war sprachlos: Ich war erst wenige Stunden fort, um bei meinem sterbenden Vater zu sein. Aber es gab immer jemanden, der meinte, mir Vorwürfe machen zu dürfen. Natürlich kehrte ich sofort nach Padua zurück. Arnaldo lag im Koma. Ich habe seine Hand genommen und gesagt: »Ich bin da.« Und es kam mir so vor, als hätte er meine Hand gedrückt … Doch ich hatte mich getäuscht, denn gleich darauf hörte ich ihn nicht mehr atmen und stellte fest, dass er tot war. Er ist einfach so gegangen.

Nach Arnaldos Tod begannen dann die Probleme. Ich begriff, dass der Verzicht auf einen Beruf ein Fehler gewesen war. Aber damals konnte weder er noch ich ahnen, dass das Leben uns so schnell auseinanderreißen würde. Allein mit zwei Töchtern fand ich nur schwer eine Anstellung, und die Witwenrente von Arnaldo, die ich zwar bekam, war nicht besonders hoch. Ich selbst hatte nicht genug in die Rentenkasse eingezahlt, um vorzeitig eine eigene Rente beantragen zu können, selbst wenn es der Mindestsatz gewesen wäre. Es war eine törichte Entscheidung gewesen, aber Arnaldo hatte geglaubt, dass seine Rente für uns alle reichen würde. Und niemand hatte sich natürlich vorstellen können, dass er so früh von uns gehen würde. Von da an war es mit dem Wohlstand, den mein Mann mir verschafft hatte, vorbei, und ich kam finanziell nur mit Mühe bis zum Ende des Monats. Ich schäme mich nicht, es zu sagen: Ich habe schwarz gearbeitet und hier und da kleine Jobs angenommen.

Als wir in Padua lebten, kam Tante Gisella oft zu Besuch. Sie erzählte mir bei diesen Gelegenheiten die Geschichte ihrer Befreiung und was sie danach erlebt hatte. Sie erzählte als Einzige von den Wechselfällen unserer Familie, angefangen bei der Flucht der Familie aus Russland nach Fiume zu Beginn des 20. Jahrhunderts. Das Einzige, worüber sie nie reden wollte, war Sergio. Nie, nicht ein einziges Mal in all der Zeit sprach sie von ihm. Und ich habe sie natürlich nicht dazu gedrängt: Es war meine Art, ihren Schmerz zu respektieren.

Mit meinen Töchtern habe ich immer über das Vorgefallene gesprochen, wenn auch nie mit Freude, wie man sich vorstellen kann. Aber sie haben mir Fragen gestellt. Als Mira Tatiana klein war, fragte sie, was das für eine Nummer auf meinem Arm sei. Ich versuchte, es ihr ganz vorsichtig zu erklären, damit sie sich nicht erschreckte, ließ aber alle dramatischen Einzelheiten weg. Sie war ja erst vier oder fünf, also ungefähr so alt wie ich bei der Deportation. Da begriff ich endgültig, was in Mama vorgegangen sein musste, ihren Schmerz und ihren Mut während der Zeit in der *Risiera*, in Birkenau und nach dem Krieg, bis zu dem Tag, an dem sie uns wiederfand.

Je älter meine Töchter wurden, je mehr fragten sie natürlich. Auch mit Sonia, der jüngeren, war es so. Jedes Mal erzählte ich ihnen ein bisschen mehr, fügte mehr Einzelheiten hinzu. Irgendwann hatte ich keine Probleme mehr, mich meinen Töchtern zu öffnen, und sie hörten mir zu. Vielleicht lag es daran, dass ich die richtigen Worte fand.

Ich glaube, dass man unsere Erlebnisse auch einem Kind erzählen kann. Es kommt nur immer darauf an, wie man das macht. Und es hängt auch von dem Kind ab. Für mich ist zudem sehr wichtig, dass Arnaldo einverstanden gewesen wäre, dass ich ihnen alles erzählt habe. Vor wenigen Jahren, als sie schon längst erwachsen waren, nahmen sie an einer Erinnerungsreise mit mir und einigen meiner amerikanischen Freundinnen teil. Auch mein Enkel Joshua war dabei und von dieser Erfahrung sehr berührt. Ich hatte große Befürchtungen, wie dieser Besuch auf uns alle wirken würde. Meine Töchter weinten tatsächlich sehr viel, sei es, weil sie meine Rührung sahen, sei es, weil sie an ihre geliebte Großmutter dachten und sich fragten, wie sie das alles hatte ertragen können.

Unsere Rückkehr nach Auschwitz

Wie viele andere Überlebende haben wir erst relativ spät damit begonnen, von unseren Erlebnissen als Zeitzeuginnen zu erzählen. Unser erstes Interview gaben wir Sarah Moskovitz, einer amerikanischen Wissenschaftlerin, die uns Ende der 1970er-Jahre kontaktierte. Sarah erzählte uns, dass sie durch Zufall auf uns gestoßen sei, als sie im englischen Fernsehen 1978 die Sendung über Alice Goldberger sah, bei der wir mitgewirkt hatten. Eine ihrer Kolleginnen fragte sie damals, ob sie je von den Kindern von Lingfield House gehört habe, und das gab den Auslöser zu ihrer Recherche. Nachdem sie alle Bewohner interviewt hatte, die in die USA ausgewandert waren, kam Sarah nach Europa, um diejenigen kennenzulernen, die auf dieser Seite des Atlantiks geblieben waren. Sie reiste auch nach Israel und nach Australien. Sie recherchierte also sehr umfassend und sorgfältig.

Mit ihr sprachen wir im Grunde wenig über Birkenau, sondern eigentlich nur über Lingfield. Sarah wollte die Geschichten der

Kinder in dem Heim von Alice Goldberger erfahren. So konzentrierten wir uns bei unserer Erzählung auf dieses Thema und erwähnten Auschwitz nur am Rande. Wir deuteten es nur an, um ihr zu erklären, wie wir nach dem Krieg nach England gelangt waren. Als ihr Buch herauskam, reisten wir zur Präsentation nach Los Angeles, zusammen mit anderen Bewohnern von Lingfield House. Auch dort stellte man uns Fragen, aber nicht einmal bei dieser Gelegenheit erzählten wir viel von »vorher« und von Birkenau. Es war nur ein kurzer Beitrag in einem Gruppeninterview. Doch das genügte, um uns Mut zu machen.

Den ersten richtigen Zeitzeugenbericht über unsere Geschichte, über Fiume, die *Risiera*, Birkenau, die Shoah und alles andere lieferten wir 1995 in Triest. Dort fingen wir an, richtig über unsere Vergangenheit zu sprechen und unsere gegenseitigen Erinnerungen zu vergleichen. Fünfzig Jahre nach unserer Befreiung in Auschwitz.

Marcello Pezzetti, ein führender Historiker zum Thema Shoah, der die Chronik in diesem Buch verfasst hat, fand uns über Giuditta Di Veroli, Mamas Barackengenossin in Birkenau. Giuditta hatte ihm zufällig ein Foto von uns gezeigt und unsere Geschichte angedeutet. Denn eigentlich waren und sind wir eine echte Seltenheit: zwei Schwestern, die Birkenau überlebt haben.

Es war nicht ganz einfach für ihn, uns zu finden, denn Mama war mittlerweile verstorben, während wir in Brüssel und Padua lebten und zu keiner jüdischen Gemeinde gehörten. Als wir uns schließlich 1996 mit Marcello trafen – damals war er für uns ein völlig Unbekannter –, erzählten wir zum ersten Mal eine gemeinsame Version wie in diesem Buch, bei der wir unsere unterschiedlichen Erinnerungen und Erlebnisse gegenüberstellten. Es wurde ein intensives und wichtiges Interview.

Bei dieser Gelegenheit erzählten wir auch von Sergio, und ein immenses Bedauern überkam uns, dass wir ihn nicht davon hatten abhalten können, diesen verdammten Schritt nach vorn aus der Reihe zu machen. Es war, als würde zum ersten Mal eine Geschichte ans Licht kommen, besser gesagt, drei Geschichten, unsere und die von Sergio, die seit Jahrzehnten in den Tiefen unseres Gedächtnisses verschüttet lag.

Im gleichen Zeitraum kehrten wir zum ersten Mal in die *Risiera* zurück. Wir zögerten sehr, weil wir uns vor der Wirkung dieses Besuchs fürchteten, und fühlten uns ganz verloren wegen einiger Veränderungen, die im Laufe der Jahre an dem Gebäude vorgenommen worden waren. Andra verspürte einen Schlag in den Magen, als wir uns der Zelle näherten, in der wir damals eingesperrt waren. Es war eine wirklich winzige Zelle. Sofort dachte ich an Großmutter Rosa und was sie hatte durchmachen müssen. In den folgenden Jahren kehrten wir dreimal in die *Risiera* zurück, immer in Begleitung von Freunden, Enkeln oder von Mario, dem zweiten Sohn von Tante Gisella. Aber Andra wollte die Zelle nie wieder betreten.

Während unseres ersten Besuchs in San Sabba dachten wir sofort an unsere anderen Familienmitglieder, die sich in der Nähe von Vicenza versteckt hatten und dort von den Nazis aufgespürt worden waren. Auch sie waren einige Monate nach uns in der *Risiera* gewesen. Während der Haft hatte Onkel Aaron auf eine

Zellenwand ein Bild gemalt und die Namen aller aufgeschrieben, die bei ihm waren: Carola, Silvio, Mario … Bei unserem Besuch dort sahen wir dieses Bild zum ersten Mal. Wir haben es dann 1979 durch Zufall in einem Buch wiederentdeckt, das der jüdischen Gemeinde von Fiume gewidmet ist. Mama hatte es in einem Regal in Triest stehen, es aber nie lesen wollen. Es war eine ihrer vielen Arten des Vergessens und Verdrängens von dem, was uns zugestoßen war.

Dieser Besuch brachte uns zum Nachdenken. Am Ende des Krieges waren von den dreizehn Deportierten unserer Familie nur vier zurückgekommen: wir beide, Mama und Tante Gisella. Vier von dreizehn. Ein sehr hoher Prozentsatz, wenn man darüber nachdenkt, der dennoch nicht unseren Schmerz und unser Leid lindert. Er schmälert auch nicht die Verantwortung derer, die die Vernichtung eines gesamten Volkes erdacht und organisiert haben.

Im April 1996 sind wir zum ersten Mal nach Auschwitz gereist. Nach dem Besuch der *Risiera* brauchten wir noch ein paar Monate, um uns zu der Reise nach Polen durchzuringen, obwohl wir uns mittlerweile mit der Idee angefreundet hatten, unsere Vergangenheit wirklich aufzuarbeiten. Ein paar Wochen vorher hatten wir im Rahmen einiger Konferenzen, die die Auschwitz Foundation organisiert hatte, die Historikerin Liliana Picciotto in Brüssel getroffen. Ihr erzählten wir, dass wir nun endlich bereit wären.

Andra hatte trotzdem Angst vor dieser Reise: Sie erinnerte sich an die Erfahrung von Judith Stern, einer Gefährtin aus Lingfield, die erschüttert aus Ravensbrück zurückgekehrt war und Jahre gebraucht hatte, um sich von dem Besuch zu erholen. Andra machte sich Sorgen, dass ihr das Gleiche widerfahren könnte, und das in einer Zeit, als sie kurz zuvor mit ihren zwei Töchtern und ohne Mann nach Kalifornien gezogen war. Sie hätte nicht gewusst, wie sie so einen Schock hätte verwinden sollen. Auch Tati war unwohl dabei, denn sie befürchtete, dass sie die Wiederbegegnung mit Auschwitz und Birkenau nicht ertragen würde; sie wusste nicht, was sie erwarten und wie sie reagieren würde.

Die Rückkehr nach Polen war für uns beide eine anstrengende und harte Erfahrung. Unser Besuch dort war von extrem starken und widersprüchlichen Gefühlen geprägt. Da wir in all den Jahren Mütter und inzwischen auch Großmütter geworden waren, verstanden wir viel besser, was unsere Mutter damals empfunden haben musste. Wir begriffen ihren Mut, ihre Entschlossenheit und ihre Liebe zu uns. Für uns beide war es – nach den Geburten unserer Kinder – ein weiterer Augenblick tiefsten Mitgefühls mit unserer Mutter.

Wir reisten von Mailand aus mit dem Flugzeug an; in Krakau erwarteten uns Historiker und Zeitzeugen. Wir wohnten im *Hotel Globe* in der Nähe von Auschwitz, einer schlichten Unterkunft nahe an unserem eigentlichen Ziel: Birkenau. Das Hotel war während der sowjetischen Besatzung nach dem Krieg neben den Schienen erbaut worden. Die Züge, die nachts daran vorbeifuhren, raubten uns den Schlaf.

Heute ist das Gebäude baufällig, man sieht es, wenn man mit dem Bus von Krakau nach Auschwitz fährt. Aber damals hatten wir keine Wahl: Krakau war noch nicht das internationale Touristenziel, und es gab noch keine Führungen in den Konzentrationslagern. Unserer Gruppe schloss sich für ein paar Tage Sabatino Finzi an.

Sabatino war am 16. Oktober 1943 aus Rom deportiert worden und unter der Nummer 158556 interniert worden. Er blieb ein paar Monate in Auschwitz und wurde dann nach Buchenwald verlegt, wo er die Befreiung erlebte.

Unsere erste Reise fand im Frühling statt, was gut war, denn Birkenau ist im Winter ganz anders. Die schöne Jahreszeit hat uns geholfen, unsere Rückkehr besser zu verkraften. Für viele von uns Auschwitz-Überlebenden ist die unmittelbarste Erinnerung an das Lager die Kälte, die wir ertragen mussten. So als hätten wir außer dem Winter dort keine anderen Jahreszeiten erlebt. Bei unserem ersten Besuch jedoch wuchsen Gras, Blumen und Gänseblümchen. So etwas hatte es 1944 ganz sicher nicht gegeben. Es war, als wäre das gar nicht »unser« Birkenau. Wären wir jedoch bei Schnee oder womöglich bei Eiseskälte dort angekommen, hätte es uns vermutlich sehr viel mehr schockiert.

Als wir das Lager betraten, sagte niemand etwas: Unsere Begleiter wollten ganz bewusst, dass wir erzählten und ihnen die Dinge und Orte zeigten, an die wir uns erinnerten. Mit Schaudern erkannten wir sofort den Ort, an dem das Krematorium gestanden hatte. Und wir zeigten ihnen den Ort unserer Baracke, die heute nicht mehr existiert. Und die *Sauna*: Auch die haben wir sofort wiedererkannt. Natürlich gab es 1944 noch kein Schutzglas auf dem Fußboden, und es hingen auch keine Fotos am Ende des Besucher-Parcours. Der Raum, in dem wir tätowiert worden waren, war verschlossen und konnte nicht besichtigt werden.

Das Museum von Auschwitz I haben wir zusammen mit Gigi Sagi rasch durchlaufen; in diesen Räumen konnten wir einfach nicht verweilen, um die Fotos und Ausstellungsstücke anzusehen: Brillen, Schuhe und alles, was die fliehenden Nazis zurückgelassen hatten. Dort haben wir uns wirklich elend gefühlt. Tati ist später allein dorthin zurückgekehrt und hat sich bei der Gelegenheit lange dort aufgehalten. Wenn wir einzeln das Lager besuchen, bekommen unsere Aufenthalte dort einen anderen Charakter. In der ersten Zeit haben wir uns gegenseitig sehr unterstützt, so als wollten wir jeweils die Andere vor der Wahrheit beschützen, die Birkenau darstellt. Heute, nach vielen Jahren sind wir viel unabhängiger voneinander.

Nach dieser ersten Reise wurden unsere Namen in den Abspann des Dokumentarfilms *Memoria* aus dem Jahr 1997 aufgenommen, in dem der Schauspieler Giancarlo Giannini dreiundneunzig Namen verliest. Der Film zeigt einige Überlebende des Vernichtungslagers Auschwitz. Zur Premiere des Films in Mailand gingen wir zusammen mit Manna Friedmann, die extra mit Andra aus London anreiste. Etwa ein Jahr zuvor, im Juni 1996, haben wir beide einzeln unsere Zeitzeugenberichte bei der Auschwitz Foundation in Brüssel hinterlassen, so wie auch in der Shoah Foundation von Steven Spielberg. Als 2003 in Italien das Buch *Meglio non sapere* von Titti Marrone herauskam, das die Geschichte unserer Familie erzählt, einschließlich unserer, waren viele unserer Freunde erstaunt und überrascht, weil sie davon nichts gewusst hatten. Heute wollen wir mit diesem Buch unsere Geschichte mit unseren eigenen Worten selbst erzählen. Wir glauben, dass es richtig und für die Leserinnen und Leser vielleicht nützlich ist.

Unser erster Auschwitz-Besuch zusammen mit italienischen Schülerinnen und Schülern fand im Oktober 2004 statt, im Rahmen einer Gedenkreise, die die Stadt Rom organisiert hatte. Der damalige Bürgermeister Walter Veltroni hatte beschlossen, solche Begegnungen zu einer festen Einrichtung zu machen. Es war ein wichtiger Moment: Zum ersten Mal sprachen wir an diesem Ort vor einem jungen Publikum. Vermutlich wurde gerade dank der Gegenwart der jungen Menschen diese Erfahrung für uns nicht ganz so schmerzhaft, wie wir es erwartet hatten. Was aber nicht heißt, dass wir nicht erschüttert waren, im Gegenteil. Die Gefühle überwältigen uns dort immer wieder: Noch heute, wenn wir schon aus dem Bus den Wachturm in der Ferne sehen, bekommt Tatiana einen Kloß im Hals, der während des gesamten Besuchs bleibt und erst verschwindet, wenn wir die Gedenkstätte wieder verlassen. Auch Andra durchquert das Eingangstor nur mit Mühe und wünscht sich immer, dass es bald vorbei sein möge. Wenn sie Birkenau verlässt, braucht sie immer eine ganze Weile, bis sich ihre Stimmung wieder aufhellt.

Die Besichtigung dauert jedes Mal sehr lange, zumindest kommt es uns so vor. Für die Jugendlichen hingegen vergeht die Zeit wahrscheinlich wie im Flug, denn es gibt sehr viel zu sehen und viele Zeitzeugen berichten. Manchmal sind die Gruppen sehr groß, was die Tour dann noch weiter in die Länge zieht. Aus Anlass des 150. Jahrestages der Italienischen Einigung 2011 organisierte Nicola Zingaretti, der damalige Präsident der Provinz Rom, eine Reise mit etwa achthundert Personen. In mehr als zehn Jahren haben wir Tausende Schüler begleitet, die alle sehr engagiert waren. Eine ganz besondere Erfahrung ist der »Zug der Erinnerung« von Italien nach Birkenau, den die Region Toskana organisiert. Wir lieben diese Fahrt sehr, weil wir auf diese Weise in engem Kontakt mit den Jungen und Mädchen bleiben.

Diese Gedenkreisen sind wichtig, weil sie die Institutionen und jeden von uns dazu ermahnen, Verantwortung zu übernehmen, damit das Erinnern lebendig bleibt. Aus diesem Grund sind die Reisen außergewöhnliche Erfahrungen, die alle Teilnehmer prägen, aber auch finanzielles Engagement und viel Organisation verlangen. Um sie durchführen zu können, gerade auch mit einer großen Schülerzahl, muss man wirklich daran glauben.

Über die Jahre haben wir sehr viele Jugendliche getroffen. Sie haben sich natürlich verändert, und auch die Technologien sind dank der Handys und Smartphones nicht mehr dieselben. Aber der Blick der Jugendlichen, wenn sie die Gedenkstätte betreten oder unsere Erzählung hören, ist immer noch derselbe. Er bestärkt uns immer wieder, dass es sich lohnt, in die Schulen zu gehen und zu berichten; genauso wie die Arbeiten, die die Jugendlichen in den allermeisten Fällen über unsere Berichte anfertigen. Vielleicht ändert sich ihre Arbeitsweise etwas, sie benutzen andere Techniken, aber der Antrieb und das Engagement sind gleich geblieben. Schon das ist ein gutes Zeichen. Es ist ein kleiner Samen, der sich festsetzt. Mit den Schülerinnen und Schülern hatten wir während dieser Begegnungen nie Probleme, weder bei den Reisen nach Birkenau noch in den Schulen. Auch nicht mit den Erwachsenen der Initiativen, bei denen wir mitmachen. Wir erfahren stattdessen sehr viel Unterstützung. Einmal reiste Tatiana für eine Publikumsveranstaltung nach Paris; am Ende kam eine Frau zu ihr und sagte: »Ich werde nie wieder behaupten, dass es in Birkenau keine Kinder gegeben hätte.« Denn auch über dieses Thema haben sich die Historiker heftig gestritten. Doch wir sind der lebende Beweis, dass es dort welche gegeben hat.

Die häufigsten Fragen, die uns gestellt werden, betreffen unser Verhältnis zu Mama, dem Tod und Gott. Unser Weg ist ein ganz besonderer und nicht einfach zu erklären: Bei uns hat sich eine starke jüdische Tradition mit der katholischen Kultur Italiens vermischt. Unser Weg wurde aber auch von einer starken laizistischen Lebensauffassung geprägt. Manchmal ist es schwierig, den Jugendlichen zu erklären, was zwei in Birkenau internierte Mädchen von vier und sechs Jahren über Gott dachten. Wir müssen den jungen Leuten dann helfen, sich in die zwei Mädchen, die wir damals waren, hineinzuversetzen, denn heute stehen ihnen zwei erwachsene Frauen, zwei Großmütter gegenüber. Und schwierig ist es auch zu erklären, dass man sich sehr jüdisch fühlen kann, ohne dass man deshalb die Religion praktizieren muss. Man kann nämlich auch eine »jüdische Atheistin« sein, so wie Tati sich bezeichnet.

Oft werden wir gefragt (und wir haben uns diese Fragen auch schon selbst gestellt), warum gerade wir überlebt haben. Warum wir die Selektion überstanden haben oder warum wir nicht mit den anderen Kindern weggebracht wurden, die in unserer Baracke lebten? All das waren Weggabelungen, an denen unser Schicksal hätte anders verlaufen können. Wir kennen die Antwort nicht. Vielleicht war es einfach Zufall. Vielleicht – und davon sind wir immer stärker überzeugt – war es aber auch Mamas Entschlossenheit, ihre Entscheidungen, ihr Mut, ihre Kraft, die sich indirekt auf uns übertrug. Während unseres Aufenthaltes im Lager hatten wir jedenfalls keine Angst zu sterben. Heute verstehen wir die ganze Situation natürlich besser. Aber damals hatte uns der Gedanke an den Tod, obwohl er allgegenwärtig war, nie überkommen. Zumindest nicht auf einer bewussten Ebene und nicht in unseren Kindererinnerungen. Auch diesen Aspekt müssen wir den Jugendlichen immer erklären: Es gibt einen Unterschied zwischen der Wirklichkeit Birkenau und der Art, in der zwei kleine Mädchen diese Welt »normalisiert« haben, um psychisch zu überleben.

Die Jugendlichen fragen uns auch nach unserer Beziehung zu Israel. Wir sind erst einmal dort gewesen, gegen Ende der 1980er-Jahre mit einer Reisegruppe. Wir hatten Kontakt zu einer Gruppe amerikanischer Überlebenden, die wir in Los Angeles kennengelernt hatten, und mit ihnen legten wir bestimmte Etappen gemeinsam zurück. Die Reise nach Israel war eine Mischung aus Vergnügen und vertiefenden Besichtigungen, Workshops, Begegnungen, Besuchen in Kulturzentren und Museen. Es war eine wertvolle Erfahrung. Wir konnten sogar auf die Golan-Höhen fahren, wo wir ein paar wunderbar fröhliche Stunden erlebten, auch voller innerer Heiterkeit; wir überquerten den Jordan und

waren am Toten Meer. In Jerusalem besuchten wir die Klage-
mauer, auch wenn wir keine praktizierende Jüdinnen sind; und
dann waren wir natürlich in Yad Vashem, der Holocaust-Gedenk-
stätte.

Wir haben sehr über ein Land gestaunt, das in einer Wüste entstanden ist, weil man es geschafft hat, Wasser und Leben dorthin
zu bringen. Abgesehen von dem Vergnügen, das Land bereist zu
haben, haben wir ansonsten keine starke Beziehung zu Israel. Für
Tatiana ist es keine zweite Heimat; Andra ist dem Land ein bisschen mehr verbunden. Vielleicht weil es der Traum von Großmutter Rosa gewesen war, einmal nach Israel zu reisen, vielleicht
weil sie eine enge Verbindung zu ihrem Erbe und der jüdischen
Kultur verspürt. Sie würde aber nie in Israel leben wollen (obwohl
sie als Jugendliche mal darüber nachgedacht hatte).

Mittlerweile ist Andra Marathonläuferin und trainiert jeden
Tag. Das Laufen hat sie vor ein paar Jahren zusammen mit ihrer
jüngsten Tochter in Kalifornien angefangen. Um nah bei ihren
Töchtern und ihrem zauberhaften Enkel zu sein, reist Andra seit
ein paar Jahren beständig zwischen Italien, Belgien und den USA
hin und her. Und als Zwischenstation nimmt sie an Gedenkveran-
staltungen teil, wenn sie darum gebeten wird.

Ganz besonders berühren uns die Schülerinnen und Schüler
aus den deutschen Schulen, die oft nicht den Mut haben, uns in
die Augen zu sehen. Es nehmen immer sehr viele an solchen Veranstaltungen teil, und sie sind von unseren Erzählungen sehr erschüttert. Einmal passierte es sogar, dass ein Mädchen deshalb gar
nicht mehr sprechen konnte. Es ist, als fühlten sie sich schuldig

für das, was uns zugestoßen ist. Wir versuchen dann, sie zu beruhigen und ihnen zu erklären, dass wir wissen, dass das deutsche Volk von heute nicht dafür verantwortlich ist, was uns in Birkenau widerfahren ist. Schon gar nicht diese jungen Schülerinnen und Schüler.

Wir müssen aber natürlich auch zugeben, dass wir eine gewisse Zeit gebraucht haben, um einen »Kompromiss« mit Deutschland zu finden. Entscheidend war unsere Begegnung mit Günther Schwarberg und seiner Frau Barbara Hüsing, die uns mit dem deutschen Volk versöhnt haben. Tatiana, die seit den 1960er-Jahren in Brüssel lebt, hat viele deutsche Freunde und war mit ihrem Mann mehrmals in Deutschland. Doch erst dank Günther Schwarberg, das möchte sie hier betonen, hat sie die Angst verloren: Bevor sie ihn kennenlernte, hätte sie nie einem fremden Deutschen gesagt, dass sie Jüdin ist und in einem Konzentrationslager war. Mit ihm unterhielten wir einen regen Briefwechsel, und seine Briefe besitzen wir noch immer.

Man muss auf jeden Fall anerkennen, dass es in Deutschland eine große Sensibilität für die Geschichte des Nationalsozialismus gibt. Wir hatten zwar nie direkten Kontakt mit den deutschen Behörden, aber es kommt uns so vor, als ob in Deutschland das Thema der Judenvernichtung von den Politikern unumwunden und sehr bewusst aufgearbeitet wird, anders als in Italien und anderen Ländern. Sei es bei der historischen Rekonstruktion – man denke nur an die schönen Museen, die eingerichtet wurden –, sei es auf der institutionellen Ebene, vonseiten all derer, die mit der Regierung zusammenarbeiten, ganz gleich, ob es Sozialdemokraten, Konservative, Grüne, Liberale oder andere sind. Als wir das erste Mal in Hamburg waren, um Sergio zu gedenken, wurden wir von der Bürgerschaft empfangen, die uns öffentlich um Entschuldigung bat.

Es gibt dort sicher eine größere Aufmerksamkeit als bei uns, wo vieles nur während der »Woche der Erinnerung« rund um den 27. Januar stattfindet – abgesehen von einigen Ausnahmen. Ansonsten wird in Italien all dies dem Gewissen und dem Engagement des Einzelnen überlassen. In den vergangenen Jahren sind zwar schon viele Schritte in die richtige Richtung unternommen worden, aber Italien ist noch weit davon entfernt, der Erinnerung solchen gesellschaftsübergreifenden Respekt entgegenzubringen, dass er sich in ein ziviles, dauerhaftes und effizientes Engagement verwandeln würde. Darüber hinaus muss man aber auch immer wieder daran erinnern, dass an der Shoah nicht nur Deutsche beteiligt waren. Lange Jahre war es sehr bequem, nur von ihnen zu reden. Doch wir sind von Deutschen und Italienern verhaftet worden, von Nazis und Faschisten; der Denunziant oder Helfershelfer bei unser Verhaftung war Italiener; die Funktionäre, die mit der Vernichtungsmaschinerie kollaboriert haben, die 1943 auch in Italien in Gang gesetzt wurde, waren Italiener; die Rassengesetze von 1938 waren italienisch. Und das Gleiche können wir von anderen europäischen Staaten sagen, von West bis Ost, in denen Kollaborateure den Nazis geholfen haben. Auch deshalb müssen wir alle uns zu einem gewissen Teil für das verantwortlich fühlen, was geschehen ist.

Die Gründe für unseren Zeitzeugenbericht

Wir beide können von uns sagen, dass wir nach dem Krieg ein sehr schönes Leben hatten, soweit dies mit der Vergangenheit vereinbar ist, die wir immer in uns tragen. Vor allem ist es uns gelungen, nach vorn zu blicken und uns eine Zukunft vorzustellen. Kraft gaben uns unsere Ehemänner, unsere Kinder und unsere Enkel, die wir über alles lieben: Joshua wurde 1994 geboren, Luca im Jahr 2000, Alessandro 2002 und Chiara 2003. Wir hatten viel Freude im Leben, aber wie alle Menschen auch traurige und schwierige Augenblicke. Trotzdem war es ein Leben! Das ist unser Verdienst, das unserer Ehemänner, die verstanden haben, das unserer Kinder, die mit uns gelitten und im richtigen Moment die richtigen Fragen gestellt haben. Vielleicht ist dies eine der schönsten Botschaften, die wir den Jungen und Mädchen hinterlassen können, wenn wir ihnen unsere Geschichte erzählen: Wir sind hier – trotz all des Schmerzes und des Leids, die andere uns und unserer Familie im Namen einer absurden und törichten Ideologie angetan haben. Und wir haben nicht nur überlebt. Wir haben gelebt: Wir haben es geschafft, uns ein Leben aufzubauen, ein schönes Leben. Das ist für uns sehr wichtig, denn es ist eine Botschaft der Hoffnung.

Die vergangenen Jahre, in denen wir uns entschlossen haben, von unserer Geschichte zu berichten, waren entscheidend: Wir haben uns so ein Stück unserer Geschichte zurückerobert. Wir haben unsere Familie und unsere Mama besser verstehen gelernt und konnten gleichzeitig anderen helfen. Wir haben außergewöhnliche Menschen sehr gut kennengelernt, einige davon sind mittlerweile verstorben.

Wir haben Shlomo Venezia sehr bewundert. Er wurde wie wir im März 1944 nach Birkenau deportiert, allerdings aus Griechenland. Er wurde gezwungen, im Sonderkommando zu arbeiten, der Gruppe von Juden, die die Leichen ihrer vergasten und von der SS ermordeten Glaubensgefährten abtransportieren mussten. Shlomo begann erst spät damit, seine Geschichte zu erzählen, aber nachdem er angefangen hatte, hörte er nie mehr damit auf. Er war ein sehr geschickter Erzähler und ein außergewöhnlicher Mensch.

Auf seinen Reisen begleitete ihn seine Frau Marika, die nach seinem Tod seine Mission übernahm. Wenn während der Begegnungen mit Schülern eine von uns einen Moment des Unbehagens verspürte und weinen musste, forderte er uns immer auf, weiterzumachen und sich nicht von den Gefühlen überwältigen zu lassen. Für Shlomo war das Berichten vor jungen Menschen eine wichtige Aufgabe.

Auch Sami Modiano wurde im Juli 1944 aus Griechenland deportiert, und auch er war, wie wir, ein »Zufalls-Italiener«. Er war in der kurzen Zeit auf Rhodos geboren worden, als die Insel italienische Provinz gewesen war. Seit Jahren nahm Sami zusammen mit seiner Frau Selma an den Begegnungen mit Jugendlichen teil. Für ihn sind seine Zeitzeugenberichte in Italien und auf Rhodos, wo er immer noch die Sommer verbringt, eine Mission. Auf Rhodos zeigt er allen Interessierten die Synagoge seiner Gemeinde, deren Mitglieder von den Nazis vernichtet wurden, und erzählt deren Geschichte.

Dann gibt es Piero Terracina, der der Razzia vom 16. Oktober 1943 in Rom entkommen konnte. Im April 1944 wurde er jedoch mit seiner gesamten Familie gefasst und nach Birkenau deportiert, weil ein Italiener sie verraten hatte. Auch mit ihm haben wir intensive Momente erlebt und dem Bericht seiner Odyssee gelauscht.

Und es gab noch viele andere Freundinnen und Freunde, die wir hier aus Platzgründen leider nicht alle erwähnen können, an die wir aber mit Zuneigung und Dankbarkeit denken. Mit ihnen unser Schicksal teilen zu können, hat uns gestärkt. Denn so konnten wir von unseren persönlichen Erinnerungen zur aktiven Bezeugung der Geschichte übergehen, von dem, was war. Unsere Leben sind Teil eines Weges geworden, eines allgemeinen Weges, der uns alle auf unterschiedlichste Art und Weise prägte: Er hat die geprägt, die in Birkenau waren, aber auch die, die nicht dort waren, die vor oder nach dem Krieg geboren wurden. In diesem Sinne sind wir heute Zeugen unseres Lebens, aber auch Zeugen von Shlomo, Sami, Piero und allen anderen. Wir sind Zeugen der vielen Untergegangenen und der wenigen Geretteten, um es mit den Worten Primo Levis zu sagen.

Unser Verhältnis zu Auschwitz ist nicht einfach. Andra beispielsweise verspürt es sehr stark; aber natürlich denkt sie nicht rund um die Uhr daran, sonst würde sie verrückt werden. Tati, mit ihrer Freude am Paradox, verkehrt gern einen Satz der Schriftstellerin Elisa Springer, der in Italien oft bei den Gedenkfeiern zitiert wird (»Viel zu groß ist das Risiko zu vergessen, sodass man jeden Tag Auschwitz gedenken müsste!«), und nimmt sich die Freiheit zu sagen, dass »nicht jeder Tag der 27. Januar ist«, denn sonst wäre das Leben unerträglich. Wenn wir es geschafft haben, uns ein Leben aufzubauen, uns eine Zukunft vorzustellen, eine Familie zu haben, so lag das nicht nur daran, dass wir noch klein waren, als wir in den Kinderblock kamen. Es lag auch daran, dass wir uns der Traurigkeit dieser Gedanken nicht ergeben haben, sondern reagiert und versucht haben, nach vorn zu schauen. Voller Hoffnung.

Zudem war es eine der ersten Lektionen von Mama, die nicht zufällig, sondern ganz bewusst beschlossen hatte, uns nicht mit den Erinnerungen zu quälen. Nicht über das Geschehene zu reden war – wie wir versucht haben zu erklären – ihr letztes Mittel, mit dem sie uns beschützen wollte. Es hätte vermutlich noch andere Arten gegeben, aber sie hatte sich für diesen Weg entschieden. Sie hat uns erlaubt, nach vorn zu schauen anstatt zurück. Auch deshalb haben wir im Gegensatz zu anderen Zeitzeugen nicht das Bedürfnis zu sagen: »Wir sind nie aus Birkenau herausgekommen.« Nein, ganz im Gegenteil: Wir sind herausgekommen! Auf unsere ganz eigene Art, mit unserem Erbe und unseren Schwierigkeiten, aber wir haben es geschafft. Wir haben Birkenau so weit hinter uns gelassen, dass wir schließlich sogar fähig waren, wieder hineinzugehen. Hätte Mama beständig darüber geredet, hätten wir vermutlich ein anderes, viel härteres Leben geführt. Davon sind wir überzeugt.

Heute schmerzt es uns, dass Europa wieder zu den rechten Parteien und Bewegungen zurückkehrt, sogar zu den Rechtsextremen. Die Hakenkreuze auf den Mauern der Städte zu sehen, auf den Flaggen bei Versammlungen, tut weh. Für Menschen mit unserer Vergangenheit ist so etwas inakzeptabel.

Es ist unglaublich, feststellen zu müssen, dass die Erinnerung nur ein dünner Faden ist, der jeden Moment reißen kann. Eine Kleinigkeit würde genügen, und niemand würde sich mehr an das Geschehene erinnern. Andra meint, dass es vielleicht auch an den schwierigen Zeiten liegt, in denen wir leben, an der materiellen Not, die immer mehr Menschen betrifft. Aber, fügt sie hinzu, das allein reicht nicht aus, um gewisse Rückschritte zu erklären. Die Haltung der Politiker und der Regierungsmitglieder trägt ebenso dazu bei. Sie sagen, dass das »andere« – gestern der Jude, heute der Schwarze oder der Immigrant – uns die Arbeit wegnimmt, den sozialen Frieden stört und damit unsere Heiterkeit und die unserer Liebsten. Sie sind »Agenten der Angst«, die in den Menschen gewisse Mechanismen auslösen. So war es in den 1930er-

Jahren und so ist es heute immer noch, allerdings unter ganz anderen Bedingungen und in viel komplexeren Zusammenhängen.

Diese Rückkehr zu den Geistern der Vergangenheit, die sich auf viele Arten ausdrückt, vom gezeichneten Hakenkreuz über den Rassismus bis hin zur Angst vor den Migranten, gibt uns das Gefühl, eine noch größere Verantwortung zu tragen. Das klingt wie ein Paradox, oder? Wir, die Opfer, fühlen uns dafür verantwortlich. Aber genau das sind wir. So wie alle anderen übrigens auch. Gegenüber dem, was wir heute sehen, haben wir als Zeitzeugen, noch mehr als andere, die Verpflichtung zu berichten, was damals geschehen ist. Denn wir waren in einem Konzentrationslager und wurden zudem noch vertrieben, und obwohl wir im Grunde Glück hatten, wissen wir, wie andere Vertriebene für gewöhnlich behandelt werden: zusammengepfercht in Sammellagern, beschuldigt, anderen die Arbeit oder das Haus wegzunehmen. Das ist nach dem Krieg mit den Bewohnern Istriens geschehen, und es geschieht heute mit denen, die vor Hunger und Krieg über das Mittelmeer flüchten.

Die Ungerechtigkeiten um uns herum zu sehen und zu erleben, wie Menschen wegen ihrer Hautfarbe beschimpft werden und wie Hass und religiöse Verfolgung wieder zunehmen, tut uns sehr weh und treibt uns an, immer wieder und immer mehr zu berichten. Noch heute erfrieren in unseren Städten Kinder. Noch heute zeigt man in unseren Städten auf Roma, weil sie anders sind, und weist sie zurück. Männer und Frauen fliehen vor Krieg, Hunger und Elend in der Hoffnung auf eine bessere Zukunft, und wir behandeln sie wie Verbrecher und treffen anmaßende Unterscheidungen zwischen Krieg und Hunger. Als ob es einen Unterschied machen würde, weswegen man flüchtet.

Über diese Leute wird geredet, als wären sie keine Menschen. Niemand denkt daran, wie schwierig es für sie sein muss, das eigene Zuhause, die Familie und das gewohnte Leben zu verlassen. Die Italiener haben vergessen, dass auch sie einmal Vertriebene oder Migranten waren, und wie sie in Belgien, Frankreich, in der Schweiz, Deutschland oder in Übersee behandelt wurden. Tatiana erinnert sich beispielsweise, dass es in Marcinelle in Belgien, wo sie lebt, Schilder mit der Aufschrift »Für Italiener verboten« gab, genau wie damals die Schilder der Nazis: »Für Juden verboten«. Das ist etwas, darüber sollten wir alle nachdenken. Der Schlaf der Vernunft gebiert Monster. Wir dürfen den Blick nicht abwenden, nicht für eine Sekunde.

Wir fragen uns oft, was Auschwitz mit all dem zu tun hat, ob das Erinnern der Ereignisse helfen kann, sich besser zu verhalten. Wir glauben, dass es das tun müsste, auch wenn wir manchmal sehr entmutigt sind, wenn man die Fakten betrachtet. Aber dann sehen wir in die Augen der Jugendlichen, die uns zuhören, und die Hoffnung kehrt zurück. Auf der Stelle. Von unseren Erfahrungen als Zeitzeuginnen zu erzählen ist für uns fundamental, denn wir hoffen, es nützt den Jugendlichen. Wenn nur eine oder einer dieser Schülerinnen und Schüler wirklich etwas verstanden hat, dann war es gut, dass wir da waren und berichtet haben. Davon sind wir überzeugt.

Am Schluss möchten wir noch an eine Geschichte erinnern. 2015 waren wir im MOCAK, dem Museum für zeitgenössische Kunst in Krakau, und besuchten die Ausstellung »Poland – Israel – Germany. The Experience of Auschwitz«, in der einige der kontroversesten und provokantesten Kunstwerke über die Shoah der vergangenen Jahre gezeigt wurden.

Wir durchschritten die Räume, als plötzlich eine mitreißende Musik unsere Aufmerksamkeit erregte. Sie kam von einem Video, in dem man einige Jugendliche vor dem Eingang von Auschwitz tanzen sah. Zuerst waren wir erstaunt und empört. Es kam uns vor, als würde dort ein Bild voller Leid und Schmerz verhöhnt. Wir traten näher und bemerkten, dass im Video auch ein ziemlich alter Mann zusammen mit den Jugendlichen tanzte. Er trug ein T-Shirt mit der Aufschrift *Survivor* (Überlebender). Das Video ist ein Werk von Jane Korman, die 2008 mit ihrem Vater, Adolek Kohn, einem Überlebenden von Auschwitz, und ihren drei eigenen Söhnen nach Birkenau und an andere symbolträchtige Orte der Shoah in Europa gereist war. Dort hatte sie die Gruppe gefilmt, während sie zu den Klängen von *I Will Survive* von Gloria Gaynor tanzte. Korman verbreitete mit dieser Mischung aus Paradox und Provokation eine große hoffnungsvolle Botschaft. Am Ende des Videos sagt ihr Vater: »Wenn mir jemand gesagt hätte, dass ich dreiundsechzig Jahre später mit meinen Enkeln hierherkommen würde, ich hätte es nie geglaubt.«

Dieses Video hat uns so berührt, dass wir gesagt haben: »Wir müssen wiederkommen und das Gleiche mit unseren Enkeln tun.«

Eine Reise
durch das vergangene Jahrhundert

von Umberto Gentiloni Silveri

Zwei Leben, zwei Lebensläufe aus dem 20. Jahrhundert vereint in der gemeinsamen Stimme eines Zeitzeugenberichts voller Unterschiede und Eigenheiten – wie ein Pendel schwingt diese Erzählung hin und her: Manchmal gelangt sie zu gemeinsamen Punkten und geteilten Erlebnissen, dann wieder unterscheiden sich die Erinnerungen, entfernen sich voneinander und offenbaren Brüche in den beiden Lebenswegen. Zwei Mädchen, die Schwestern Bucci, durchleben die dunkelsten Kapitel des vergangenen Jahrhunderts: Tatiana und Andra treten Hand in Hand aus der Dunkelheit und suchen in den Nachkriegsjahren ein neues Licht.

Dieses Buch liefert einen einzigartigen Zeitzeugenbericht, eine Geschichte, die gleichzeitig individuell und doch kollektiv ist, die sich je nach Zusammenhang unterscheidet und überschneidet, voller Erinnerungsfetzen und Teilen der Vergangenheit, die bis heute erhalten sind. Es ist das Dokument einer lang vergangenen Zeit, das uns unmittelbar mit Fragen konfrontiert, uns zum Nachdenken anregt und uns Ereignisse und Momente erzählt, die Gefahr laufen, vergessen und für immer begraben zu werden.

Die familiären Wurzeln der beiden Mädchen verzweigen sich im vielschichtigen Boden der ersten Jahrzehnte des vergangenen Jahrhunderts. Es war die Zeit der großen König- und Kaiserreiche und ihres Untergangs: Große Staaten boten Raum für viele unterschiedliche Identitäten, Kulturen, Religionen und Sprachen. In diesem Zusammenleben entstand ein Gesellschaftsgefüge, das noch keine gefährlichen Gräben oder Risse aufwies. Es ist die Zeit der europäischen Vormachtstellung, ihres Höhepunktes und Erfolges sowie ihres darauf folgenden unkontrollierten Untergangs. Sie gleicht einer Art Demarkationslinie zwischen alten Gewissheiten und dem Beginn eines neuen, ziellosen Weges.

Im Juni 1914, als beim Attentat von Sarajewo Erzherzog Franz-Ferdinand und seine Frau ermordet wurden, beherrschten die großen Imperien etwa 85 Prozent aller bekannten Länder. Aufgrund der unangefochtenen europäischen Vorherrschaft in Ökonomie, Politik, Militär und sogar in der Kultur sowie der Überzeugung, dass man die Marschrichtung der gesamten Menschheit vorgeben könne, hatte dieses Ereignis globale Auswirkungen. Langsam zerfiel eine diffuse Macht, während sich jene gegenläufigen Dynamiken entwickelten, die zum Ersten Weltkrieg führen sollten.

Die Wurzeln dieser langen Geschichte führen zu den tiefsten Zäsuren, die das 20. Jahrhundert prägten. Die mütterliche Familie von Tatiana und Andra, die Perlows, flüchtet aus dem russischen Zarenreich vor den Pogromen in Osteuropa. Die Familie rettet sich vor den Gewalttaten und sucht in einem anderen offeneren und wohlhabenderen Land Glück und Unbeschwertheit. Dabei verschmelzen zwei Aspekte und stützen sich gegenseitig: Auf der einen Seite steht das mutige Unternehmertum der Familienmitglieder, die auf die Zukunft setzen (in Form einer kleinen Bonbonfabrik in Ungarn und denen, die ihr Glück im Amerika des frühen 20. Jahrhunderts suchen), auf der anderen Seite steht der Wunsch, die jüdischen Traditionen und Gebräuche sicher leben zu können. So verlässt die Familie Russland und überquert Grenzen. In der Zeit der großen Imperien sind ihre Mitglieder im Schmelztiegel aus Völkern formbare Individuen. So spinnt diese Geschichte nun ihren Faden über die Stationen und Städte, in denen die Familie sich niederlässt. Das Meer wird zum Sehnsuchtsort und Tor zur Welt, Österreich-Ungarn schließlich das endgültige Ziel auf einem Weg zwischen sterbenden Welten und wachsenden Hoffnungen.

In der Stadt Fiume, zwischen Bergen und Meer, zwischen Nationen in Neugründung und sich auflösenden Reichen, formt sich damals die mitteleuropäische Kultur und breitet sich aus. Auch die Vereinigung der beiden Familien, der Buccis und der Perlows, ist von dem unterschiedlichen Erbe dieser Königreiche geprägt: Die Perlows, die aus dem kurz vor dem Zusammenbruch stehenden Zarenreich flüchten, treffen bei ihrer Ankunft auf die multiethnische Gesellschaft der Habsburgermonarchie. An diesem Ort (Fiume wird erst ab 1924 italienisch) wachsen die Schwestern Bucci in einer großen, dynamischen Gemeinschaft auf: Die fürsorgliche und strenge Mutter, Mira Perlow, die ein beständiger Bezugspunkt in dem langen Lebensweg der Mädchen sein wird, mischt die Gebräuche der jüdischen Kultur mit katholischer Erziehung. Der Vater, Giovanni Bucci, überquert auf Handelsschiffen die Weltmeere und ist lange Zeit von zu Hause fort, steht aber durch die damals üblichen Kommunikationswege immer in Kontakt mit seiner Familie. Jeden Abend versammeln sich die Schwestern vor seinem Foto, was ihm eine zwar entfernte, aber immerwährende Gegenwart verleiht.

Zu jenen Tagen dieser wertvollen und viel zu schnell verlorenen Kindheit kehren die Autorinnen mithilfe ihrer Erinnerung, diesem mächtigen und außergewöhnlichen Instrument, wieder zurück. Für diesen Zeitzeugenbericht vergleichen Tatiana und Andra Situationen und gemeinsam erfahrene Momente ihres Lebens, beschwören Gesichter und Fotografien herauf, finden Zeitungsausschnitte und Postkarten wieder, die lange an dunklen Orten verwahrt wurden. In ihren Worten schwingt der Stolz mit, sich an all die Etappen ihres Leben zu erinnern, sie zu ordnen und mithilfe des Verstandes einen Sinn in allem zu suchen.

Es ist die italienische Stimme zweier Mädchen aus einer bunt gemischten und pluralistischen Meeresstadt zu Beginn des 20. Jahrhunderts, als die Grenzen in Europa noch weit entfernt waren: An diesem Ort trafen Individuen und Kulturen zusammen, man war die anderen, die Unterschiede – in Sprachen, Sitten und Religionen – gewohnt. Die Lebenswege der Mädchen und die Historie treffen in einem genau umrissenen Rahmen aufeinander: in der Gesellschaft der italienischsprachigen Bevölkerung auf dem habsburgischen Gebiet von Dalmatien, Istrien oder Venezia-Giulia; in der jüdischen Diaspora des zentralöstlichen Europas; in Familien, die vor althergebrachten Diskriminierungen flüchten oder auf der Suche nach einer besseren Zukunft sind; und schließlich in den Gesellschaftsschichten, die sich unter dem Einfluss der Industrialisierung, der mehr oder weniger erzwungenen Migration und den Nationalisierungsprozessen der Massen herausbilden und weiterentwickeln.

Die beiden Schwestern wachsen inmitten solcher historischen Wendungen auf, in denen jedes Einzelereignis in einem größeren Kontext stattfindet und durch diesen aufgewertet wird. Zwar wechseln Standpunkte und Perspektiven, doch der Blick auf die große Transformation in der ersten Hälfte des 20. Jahrhunderts begleitet unterschiedlichste Protagonisten. Die Weltkriege sind ein schreckliches, zum Teil bewusst heraufbeschworenes Resultat in einer Zeit, in der Europa auf internationaler Ebene in eine Machtposition gelangt und gleichzeitig all das Gute und Schlechte hervorbringt, zu dem der Mensch fähig ist.

Und so wird das Leben der zwei Mädchen von einem Tag auf den anderen umgekrempelt, ohne dass sie sich der Schwere des Weges bewusst werden, auf dem kein Zurück vorgesehen ist. Das neue Kapitel beginnt so unmittelbar, als würde das bisherige Leben plötzlich beendet, nur um in ein fremdes, unbekanntes Land voller Bedrohungen und Gefahren deportiert zu werden. Zu diesem

Schritt gehört nicht viel: Man schließt eine Tür, überschreitet eine Schwelle und findet sich inmitten eines Sturmes wieder, ohne den Grund dafür zu kennen. Doch fragt man sich natürlich immer wieder nach den Ursachen für eine so brutale Wendung. Man findet sie in den Rassengesetzen des Faschismus, der Diskriminierung und der regelrechten Jagd auf die Juden, mit der die unmenschliche Logik der Nazi-Besatzer nach dem September 1943 in Italien in die Tat umgesetzt wurde.

Anfangs versucht ein Teil der Familie Bucci, sich zu verstecken. Die anderen Familienmitglieder jedoch werden verhaftet und an düstere, grauenhafte Orte deportiert: Die beiden Schwestern von sechs und vier Jahren erleben überfüllte Lastwagen, dunkle Zellen, Viehwaggons, Schienen und unbekannte Orte. So wie viele andere Juden des alten Kontinents finden sie sich im April 1944 in Auschwitz wieder, ein gutes Jahr vor dem Ende des Weltkrieges und zehn Monate vor der Befreiung des Lagers. Wehrlos und unschuldig werden sie in das Räderwerk der Vernichtungsmaschinerie der Nazis katapultiert: Ihre unbeschwerte Kindheit endet im Lager Birkenau.

Aus einer weltoffenen und pluralistischen Kulturstadt geraten sie in die geschlossene, gewalttätige Realität des Konzentrationslagers, in dem das Leben eine unkontrollierbare Richtung einschlägt. Doch in den Augen eines Mädchens kann selbst die größte und grausamste Tragödie zu einer Normalität werden: Es taucht ein in ein Leben, in dem Horror und Tod an der Tagesordnung sind, und das trotz der schwierigen Bedingungen für die dort Inhaftierten zum Alltag wird, obwohl es keinen Ausweg und keine Hoffnung gibt. Wie kann man so eine Bürde tragen? Welche geistigen Ressourcen aktiviert ein kleines Mädchen, um sich weiter an das Leben und die unendlichen Möglichkeiten einer Erlösung zu klammern? Welche Visionen von damals kehren nach Jahrzehnten ins Gedächtnis zurück? Es sind zumeist vage Eindrücke, verblasste Bilder, verworrene, aber auch klare Momentaufnahmen aus der Zeit im Lager.

Es mag wie ein Paradoxon oder Widerspruch erscheinen, doch der Bericht der Schwestern Bucci ist eine große Botschaft der Hoffnung und der Liebe zum Leben mit all seinen Möglichkeiten.

Auch im dunkelsten Moment, wenn alles im Nichts oder in unsinnigen Verhaltensweisen und Gewohnheiten zu verschwinden scheint, kann man von neuem anfangen, sich neu motivieren und zu unerforschten Ufern aufbrechen. Nachdem Andra und Tatiana dem Inferno von Birkenau entkommen sind und auch das gefühlskalte Waisenhaus in Prag überstanden haben, bringt ihr erster Flug die Schwestern nach England: Dieser glückliche Umstand führt sie nach ihrer Rettung in ein fast normales Leben zurück. Es ist der Sprung in ein wiedergefundenes Paradies: Hier gibt es Spielzeug, Zuneigung und Beziehungen in einer Gemeinschaft, die – unter der Leitung von Anna Freud – den überlebenden Kindern, die oft allein zurückgeblieben sind, neue Perspektiven und Hoffnungen schenkt. Es sind die wertvollen Erinnerungen an eine wunderschöne Lebensphase: Die Zeit in Lingfield/Surrey hat die beiden Autorinnen grundlegend geprägt. Endlich konnten sie ein neues Kapitel aufschlagen und einen Ausweg suchen. Die Stimme ihres Berichts füllt sich mit Sehnsucht, wenn sie von den Tagen in

England erzählt, von dem Klima der Verbundenheit und Teilhabe, das die Mädchen in eine neue Welt begleitet.

Doch dieser Weg ist ein schmaler und widersprüchlicher Grat, denn nur mit Mühe finden die beiden Autorinnen die Worte für den ständigen Wechsel zwischen den schwierigen Fragen (Warum haben wir überlebt? Warum gerade wir?) und dem Schmerz, der ihnen im Laufe der Zeit immer bewusster und zu einem andauernden Gedenken wird (viele, sehr viele haben sich kein neues Leben aufbauen können). Es handelt sich um die mitleidslose und beständige Auseinandersetzung zwischen den Untergegangenen und Geretteten, von denen Primo Levi vor ein paar Jahrzehnten schrieb und damit einen Nerv der langen, nun vergangenen Nachkriegszeit traf.

Dass zwei Mädchen sich retten, nachdem sie in die größte, von Menschen erdachte und erbaute Todesfabrik verschleppt wurden, ist außerordentlich und überrascht in vielerlei Hinsicht. Auch wenn die Zahlen nicht eindeutig gesichert sind und ständig aktualisiert werden, so sind sie dennoch eindrucksvoll und schrecklich. Etwa 230.000 Kinder aus ganz Europa wurden nach Auschwitz deportiert, nur etwa fünfzig haben die Selektion und die Grausamkeiten der Nazis überlebt. Junge Menschen kamen dort an und wurden innerhalb von wenigen Stunden gebrochen und ermordet. Nur wenige wurden im Lager interniert, um dann von Nazi-Ärzten in irrsinnigen Versuchen gequält zu werden. Dieses grausame, inakzeptable Schicksal war der Tiefpunkt der gnadenlosen Entmenschlichung, die das jüdische Volk und all jene ertragen mussten, die als unvereinbar mit »dem neuen Menschen« Hitlers eingestuft wurden. Von diesen Personen blieben nur wenige Spuren, im besten Fall ein paar Fotos, mit denen nach dem Krieg die Angehörigen verzweifelt nach Überlebenden, Nachrichten, Informationen oder wenigstens Zeichen von ihren Liebsten suchen. Doch diese Suche schürt zumeist vergebliche Hoffnungen: Die Korrespondenz mit dem Roten Kreuz, den internationalen Archiven oder den Hilfsorganisationen, die Familien wieder zusammenführten, bleibt in den meisten Fällen ergebnislos.

Zu denen, die im namenlosen Abgrund des Zweiten Weltkrieges verschwunden sind, gehört auch der Cousin der Schwestern Bucci, Sergio De Simone, geboren in Neapel am 29. November 1937. Er wird gemeinsam mit Tatiana und Andra aus Fiume deportiert und bleibt ein paar Monate mit ihnen zusammen in Auschwitz. Dann aber führt das Schicksal ihn in das Lager Neuengamme bei Hamburg, aus dem es kein Zurück mehr gibt. Auf perfideste Art von der SS hintergangen, verlässt er an einem Novembermorgen 1944 den Kinderblock in Birkenau. Er winkt den Cousinen zu, lächelt, überzeugt davon, sie bald wiederzusehen und weiter mit ihnen spielen zu können. Durch einen zynischen Trick (dem Versprechen, die Mutter wiedersehen zu dürfen), einem Meisterstück der Grausamkeit, wird er zusammen mit neunzehn anderen Kindern weggebracht. Ihr Leben endet im Keller der Schule am Bullenhuser Damm, am 20. April 1945, als die Alliierten schon vor den Toren Hamburgs stehen, nur wenige Tage vor der bedingungslosen Kapitulation Deutschlands. Die jungen Körper der zwanzig Opfer hatten die Nazis nach der Verlegung ins Konzentrationslager Neuengamme für medizinische Versuche missbraucht: Diese lebenden Beweise, diese offensichtlichen, kompromittierenden Spuren für die Verbrechen gegen die Menschlichkeit mussten verschwinden. Der Cousin von Tatiana und Andra wird zusammen mit den anderen Kindern umgebracht, erhängt an einem Haken an der Kellerwand; »wie Bilder an der Wand« hingen sie dort, gestand später im Curiohaus-Prozess 1946 einer der angeklagten Beteiligten an diesem Verbrechen.

Der kleine Sergio hatte nicht gezögert: Auf die Frage der Nazis, bei dem Wort »Mama«, tritt er glücklich einen Schritt vor, in der Illusion, in die Arme der Frau zurückzukehren, die ihm das Leben geschenkt hat.

In den Herzen der Autorinnen leben seitdem das Bedauern und die Selbstvorwürfe, dass sie ihren Cousin nicht beschützen, ihn nicht von diesem Schritt abhalten und nicht verhindern konnten, dass er unwiederbringlich fortgeschafft wurde. Ein Menschenleben ist genauso viel wert wie alle Menschenleben, und dieses eine ist mit dem Bericht der Schwestern Bucci verbunden: Sie sprechen davon, als wäre es ein Auftrag, eine Botschaft, die sie überbringen müssen. Sie wollen diese Geschichte vor dem Vergessen und Verdrängen bewahren.

So ist Sergio ein wichtiger Teil dieses Zeitzeugenberichtes, denn er repräsentiert auf diesen Seiten das andere Extrem. Er ist das Symbol für all diejenigen, die es nicht geschafft haben und Aufmerksamkeit, Respekt sowie Anteilnahme verdienen. Sein Schicksal ragt wie ein Vermächtnis aus dieser Familientragödie heraus: Der Mord an diesem unschuldigen Jungen wird Teil der Erzählung von zwei Autorinnen, die eine verklungene Stimme einbeziehen. Seit die Einzelheiten des Schicksals der zwanzig Kinder vom Bullenhuser Damm rekonstruiert wurden, ist diese zweistimmige Geschichte noch umfassender geworden und versucht, auch denjenigen Raum zu geben und sie zu repräsentieren, die so früh vom Angesicht der Erde verschwunden sind und sich selbst nicht mehr zu Wort melden können.

Die Geschichte Sergios und der neunzehn anderen Kinder hat der Journalist Günther Schwarberg 1979 durch seine Serie *Der SS-Arzt und die Kinder* in der Zeitschrift *Stern* dem Vergessen entrissen. Es ist eine detailgenaue Recherche über die Orte, die Opfer und die Täter sowie die Verantwortlichkeiten und die Nachlässigkeiten von vielen.

Tatiana und Andra blieben bis zur Befreiung des Lagers am 27. Januar 1945 in Auschwitz, vielleicht weil sie für Zwillinge gehalten wurden oder weil ein unvorhersehbarer Wink des Schicksals sie verschont hatte: »Wir wurden von einer *Blockowa* umsorgt und geschützt. Wir erinnern gar nichts von ihr, weder ihren Namen noch ihr Gesicht, nicht einmal ihre Figur.« Die Schwestern haben die dunkelsten Kapitel unserer Vergangenheit erlebt und teilen sie nun mit denjenigen, die sich auf diese einstimmige Doppel-Autobiographie einlassen wollen. Heute sind Tatiana und Andra unermüdliche Zeitzeuginnen. Sie gehören zu den wenigen, die noch davon berichten können, was sie mit eigenen Augen gesehen, am eigenen Leib erfahren haben.

Zusammen mit jungen italienischen Schülerinnen und Schülern reisen sie nach Auschwitz und verweilen mit ihnen vor dem

Kinderblock. Dann erzählen sie von den zehn Monaten ihrer Kindheit, die sie dort verbracht haben. Von dem Gebäude ist nur der gemauerte Grundriss geblieben, die Reste einer Anlage, die man sich nur vorstellen oder in den Dokumenten des Archivs ansehen kann. So wie in diesem Buch wechseln die Schwestern sich bei öffentlichen Veranstaltungen mit dem Erzählen ab, dennoch scheint nur eine Stimme die ganze Last dieses so schwierigen und erschütternden Zeugenberichts zu tragen. Die beiden Autorinnen fahren mit Schülern und Abordnungen von Institutionen, in kleineren oder größeren Gruppen, mit Flugzeug, Bahn oder Bus von Italien zum Vernichtungslager der Nazis in Polen. Es sind Gedenkreisen, gleichzeitig ist es aber auch ein Gedankenaustausch zwischen den Generationen, die auf diese Weise einen Draht zueinander entwickeln.

Tatiana und Andra ziehen sich nicht zurück, sondern nehmen unermüdlich an Veranstaltungen teil oder sind in den sozialen Netzwerken aktiv und teilen so ihre Erlebnisse mit Jugendlichen aus aller Welt.

Wir wissen, wie schwierig es für Überlebende war, die Kraft und die Worte zu finden, mit denen sie das bleierne Schweigen derjenigen durchbrechen konnten, die für die Konfrontation mit dieser schrecklichen Vergangenheit noch nicht bereit waren. Sogar Primo Levi hatte Mühe, für seine Berichte einen interessierten und überzeugten Verleger zu finden; Shlomo Venezia erzählte, dass er von vielen für verrückt gehalten wurde, als er anfing, über die Fragmente seines früheren Lebens zu sprechen. Diese Reaktionen ließen ihn wieder verstummen. Das Schweigen der Überlebenden wurde so zu einer scheinbaren Zuflucht, während sie darauf warteten, dass die Zeiten heranreiften und die Menschen endlich für ihre Geschichten bereit wären. So reagierten viele Überlebende ganz unterschiedlich: Manche verschlossen sich in sich selbst, manche lebten mit den Albträumen und der andauernden Depression weiter, manche gingen mit einem Freund oder Gefährten ein Stück des Wegs und linderten den Schmerz durch private Gespräche, manche aber fanden keine Unterstützung und blieben mit all ihren Fragen und schmerzhaften Erinnerungen allein zurück.

In diesem Zusammenhang fällt dem Zeitzeugenbericht der Bucci-Schwestern, die Auschwitz überlebten, ein besonderer Wert zu: In ihm steckt die Kraft des Lebens und seiner Verteidigung gegen jegliche Relativierung oder Resignation. Seit mehr als einem halben Jahrhundert berichten Zeitzeugen von ihren Erlebnissen, und diese Zeit gelangt jetzt vermutlich in ihre letzte Phase, denn immer weiter liegen die Ereignisse zurück, die das Leben von denen prägten, die die Kraft zu erzählen aufgebracht haben. Jeder Zeitzeugenbericht, der also hinzukommt, ist ein wertvolles Gut, ein Menschheitserbe, das denen übergeben werden muss, die nach uns kommen, damit sie davon lesen, davon hören und es den nächsten Generationen erzählen.

Tatiana und Andra Bucci haben den Weg als Zeitzeuginnen fast zufällig eingeschlagen, durch ein Interview, das sie der BBC und im Anschluss auch dem renommierten Archiv des Centro di Documentazione Ebraica Contemporanea (CDEC, das Dokumentationszentrum des zeitgenössischen Judentums) in Mailand gaben.

Ihr Zeitzeugenbericht wurde bekannt und offenbarte seine wertvolle Bedeutung: Zwei jüdische Mädchen kehren aus einem Vernichtungslager zurück, entgehen einem bereits gefällten Urteil und finden ihre Mutter wieder, die sie nach der grausamen Trennung in die Arme schließt.

Mit der Zeit erfahren Organisatoren von Gedenkreisen und Fortbildungen von ihrem Bericht und kontaktierten die Schwestern. Seitdem reisen sie unermüdlich zwischen Brüssel, Padua und Sacramento in Kalifornien hin und her (entsprechend der Lebenswege der Autorinnen), um den Teilnehmern dieser Veranstaltungen von ihrer Geschichte zu erzählen. Jahrelang berichteten sie mündlich im Lager Birkenau an den Ruinen der Baracken oder an dem, was vom Kinderblock geblieben ist. Dann schließlich beschlossen sie, alles in einem Buch niederzuschreiben und somit ein Werk zu hinterlassen, das die Zeit überdauern wird. Dank der Fondazione Museo della Shoah in Rom (dem Shoah-Museum) konnten Tatiana und Andra ihr Vorhaben umsetzen und ihre Erinnerungen herausbringen. Anfangs trafen sie sich dort mit einer kleinen Gruppe von Mitarbeitern, nahmen ihre Berichte auf Band auf und konsultierten Quellen und Dokumente. Sie lasen die Bücher, die ihren Lebensweg bereits in Teilen nachgezeichnet haben: Teodoro Morganis Werk über die Juden von Fiume (*Ebrei di Fiume e di Abbazia, 1441–1945*, Carucci, 1979), das außergewöhnliche Buch von Sarah Moskovitz, in dem sie die Rettung und Wiedereingliederung der Kinder, die der Shoah entkommen sind, im Nachkriegs-England schildert (*Love Despite Hate. Child Survivors of the Holocaust and Their Adult Lives*, Schocken Books, 1983), und schließlich die erzählerische Reportage von Titti Marrone über die Geschichte von Tatiana, Andra und Sergio (*Meglio non sapere*, Laterza, 2003). Doch das Ziel ihrer gemeinsamen Arbeit war, das noch fehlende Stück zu schreiben: Tatianas und Andras eigene Erzählung, die sie bei verschiedensten Gelegenheiten bereits geliefert haben. Ihr Buch ist der erste vollständige Zeitzeugenbericht ihrer Geschichte. Leserinnen, Leser und zukünftige Autorinnen und Autoren können sich so mit den verschiedenen Phasen zweier intensiver Lebensläufe auseinandersetzen, die von den extremen Widersprüchen des vergangenen Jahrhunderts geprägt sind, von der brutalen, organisierten Gewalt, aber auch von den Hoffnungen und Gelegenheiten, sich ein eigenes Leben voller Frieden aufzubauen.

So ist dieses Buch entstanden. Es will versuchen, der weit zurückliegenden, versinkenden Vergangenheit und der schnelllebigen, vergesslichen Gegenwart etwas entgegenzusetzen. Die Geschichte von Tatiana und Andra ist nämlich auch eine Geschichte von Erfolg und Glück, von Müttern und Großmüttern, die in den Nachkriegsjahrzehnten Familien gegründet, Hoffnungen geschürt und Gelegenheiten ergriffen haben. Es ist eine Mahnung gegen jegliche Art von Diskriminierung, die in einer gefährlichen Zeit wieder auflebt. Geister der Vergangenheit, die schon endgültig besiegt zu sein schienen, tauchen wieder auf: neue Nationalismen, Formen von alter und neuer Diskriminierung gegen die anderen, mehr oder wenig verschleierter Rassismus, der den »Schuldigen« der Stunde ins Visier nimmt, seien es die Einwanderer oder die schwächsten Glieder in einer Leidenskette. Zeitzeugenberichte aber können Ängste vertreiben und diejenigen besiegen, die diese erzeugen und verbreiten, so als hätte die Geschichte uns nichts gelehrt. *Wir, Mädchen in Auschwitz* ist eine Erzählung, ein Zeitzeugenbericht und die Bestätigung, dass man nach vorn blicken kann, auch wenn scheinbar alles in die entgegengesetzte Richtung läuft, der Weg versperrt und kein Ausweg möglich zu sein scheint.

Es ist schwierig, die richtigen Worte zu finden, um den Autorinnen für ihre Opfer zu danken, für ihre Hingabe, in die Untiefen einer fernen Zeit einzutauchen, für ihren Mut und ihre Kraft, die nie ganz verheilten Wunden wieder aufzureißen.

Dieses Buch ist für all jene, die die Geduld für die Lektüre aufbringen und diese Geschichte aus dem vergangenen Jahrhundert weitererzählen wollen, die den Wert einer Erinnerung nicht zerreden und die die kollektive Verantwortung in sich spüren, die uns in einer gemeinsamen Bestimmung vereinen kann: Wissen, um nicht zu vergessen, heute, morgen und für alle Zeiten.

Lagerplan KZ
Auschwitz II (Birkenau)

1. Massengräber und Scheiterhaufen
2. Bunker II (Entkleidungsbaracken und 2. provisorische Gaskammer)
3. *Sauna*, Duschen, Aufnahmeprozedur
4. Gaskammer und Krematorium IV
5. Gaskammer und Krematorium II
6. Gaskammer und Krematorium III
7. Gaskammer und Krematorium V
8. Massengräber und Scheiterhaufen
9. Effektenlager *(Kanada II)*
10. Bunker I (Entkleidungsbaracken und 1. provisorische Gaskammer)
11. Männerlager (ab Juli 1943 Frauenlager)
12. Krankenbaulager für Männer
13. Lager für Roma-Familien (»Zigeunerlager«)
14. Bahnrampe, Ankunft der Züge, Ort der Selektion
15. Männerlager
16. Frauenlager
17. Durchgangslager für Frauen
18. Theresienstädter »Familienlager«
19. Quarantänelager für Männer
20. *Mexiko*
21. Unterkunft der Schwestern Bucci
22. Erster Sektor
23. Haupteingang
24. Zweiter Sektor
25. Kommandantur Birkenau, SS-Unterkünfte
26. Dritter Sektor, nicht vollendet

Chronologie

von Marcello Pezzetti

1939

1. September
Deutschland greift Polen an.
Der Zweite Weltkrieg beginnt.

8. – 12. Oktober
Die westlichen Gebiete Polens
werden Nazi-Deutschland
angeschlossen.

1940

27. April
Der Reichsführer-SS Heinrich
Himmler gibt Befehl,
in Auschwitz (Oswiecim auf
Polnisch, etwa 35 Kilometer
südöstlich von Kattowitz entfernt,
auf dem gerade angeschlossenen
Gebiet) ein Konzentrationslager
(KL oder KZ) zu errichten. Zum
Lagerkommandanten wird der
SS-Hauptsturmführer Rudolf Höß
ernannt.

10. Juni
Die Firma J. A. Topf und Söhne
in Erfurt entwickelt das erste
Krematorium für die Leichen der
Lagerinsassen.

14. Juni
728 polnische Oppositionelle aus
dem Gefängnis in Tarnów bilden
den ersten Gefangenentransport,
der in Auschwitz ankommt.

1941

3. September
In Auschwitz im Untergeschoss
des Block 11 findet die erste
Massenvergasung mit Zyklon B
statt. Die Opfer sind 600 sowjetische Kriegsgefangene und 250
erkrankte Polen, die als »nicht
mehr arbeitsfähig« eingestuft
werden. In der Folge wird ein Teil
der Leichenhalle des Krematoriums I, die mit einer Entlüftung
ausgestattet ist, zu einer provisorischen Gaskammer umgebaut.

26. September
Beginn des Baus von Lager
Birkenau, drei Kilometer von
Auschwitz entfernt, da viele
sowjetische Kriegsgefangene
erwartet werden.

1942

20. Januar
In Berlin wird auf der Wannsee-
konferenz die »Endlösung
der Judenfrage« beschlossen.

25. Januar
Die Deutschen beschließen, keine
sowjetischen Kriegsgefangenen
mehr in die Lager zu schicken
(einschließlich Auschwitz),
sondern stattdessen 150.000 Juden
aus dem Reichsgebiet. Birkenau
wird so zum Ort, an den die Juden
Europas (vor allem die aus Osteuropa) deportiert werden, um
dort ermordet zu werden. Nur ein
kleiner Teil wird als Zwangsarbeiter im Lager interniert, unter
Lebensbedingungen, die unwei-
gerlich zum Tod führen.

März
In Birkenau beginnt der Massen-
mord an den Juden. Ein Back-
steinhaus (das rote Haus), benannt
als Bunker I, wird zu einer Gaskammer umgerüstet. Daneben
werden Massengräber für die
Leichen ausgehoben. Ende Juni
wird eine zweite Todesanlage in
Betrieb genommen, Bunker II
(das weiße Haus).

26. März
In Birkenau trifft der erste Transport mit slowakischen Juden ein;
vier Tage später der erste Transport aus Frankreich.
Ab Mai folgen die Transporte aus
dem Reichsgebiet und dem
ehemaligen Polen; ab Juli Transporte aus Holland; ab August aus
Belgien und Kroatien; ab Dezember aus Norwegen. Ab Mai 1943
folgen die Transporte aus Griechenland und ab Oktober 1943
aus Italien. Im Mai 1944 kommen
Transporte aus Ungarn an, im
August die aus Rhodos und Kos.

April/Mai
In Birkenau führen die Deutschen
an der Judenrampe die ersten
»Ankunftsselektionen« bei den
slowakischen Juden durch.
Diejenigen, die als »nicht mehr
arbeitsfähig« eingestuft werden
(mehr als 80 Prozent), werden auf
Lastwagen zu den Gaskammern
gebracht; die anderen werden
vorübergehend als Zwangsarbeiter
im Lager aufgenommen.
Es wird ein Sonderkommando
gebildet, ein Trupp aus jüdischen
Gefangenen, die Massengräber
ausheben, die Leichen aus den

Gaskammern holen, sie zu den Gräbern schleppen und schließlich ihre Kremation übernehmen müssen.

21. September
Die Sonderaktion 1005 in Birkenau beginnt: Die Leichen aus den Massengräbern neben Bunker I und II werden exhumiert und unter freiem Himmel verbrannt. Ab diesem Datum werden die Leichen der Opfer nicht mehr begraben, sondern in abgedeckten Gruben oder später in den Krematorien verbrannt.

1943

26. Februar
Der erste Transport mit Sinti und Roma erreicht Birkenau. Sie werden ohne Selektion sofort im sogenannten Zigeunerlager (BIIe) interniert. Dort in den Baracken 29 und 31 wird je ein Kinderblock eingerichtet. Zahlreiche Kinder aus diesen Blöcken, vor allem Zwillinge, werden später als »lebendes Material« für die Versuche von Mengele missbraucht. Das gleiche Schicksal sollte viele Kinder aus dem KZ Theresienstadt ereilen,

die im Sektor BIIb des Lagers untergebracht wurden.

13. – 14. März
Das Krematorium II in Birkenau wird in Betrieb genommen. Es war die erste von vier »technologisch fortschrittlichen« Todesanlagen, die mit Gaskammern und Öfen ausgestattet waren. Am 22. März nimmt das Krematorium VI, am 4. April Nummer V und am 25. Juni Nummer III den Betrieb auf.

30. Mai
Der berühmte Nazi-Verbrecher SS-Hauptsturmführer Josef Mengele kommt nach Auschwitz und übernimmt die Funktion des Lagerarztes im sogenannten Zigeunerlager.

24. Juli
Der gesamte Sektor BI (a und b) in Birkenau wird zum Frauenlager.

9. September
Im Sektor BIIb von Birkenau wird das Familienlager eingerichtet für Juden, die aus dem KZ Theresienstadt hergebracht werden (»Theresienstädter Familienlager«).

16. Oktober
Razzia in Rom: 1.023 Menschen
werden verhaftet und zwei Tage
später nach Auschwitz deportiert.
839 von ihnen, darunter 244
Kinder, werden sofort umgebracht. Es kehren nur 15 Männer
und eine Frau zurück.

22. November
Der Kommandant von Auschwitz,
SS-Obersturmbannführer Arthur
Liebehenschel, treibt die Untertei-
lung des KZ in drei unabhängige
Lager voran:
KZ Auschwitz I: Stammlager,
Kommandant ist Liebehenschel
selbst; *KZ Auschwitz II*: Birkenau,
Kommandant ist SS-Sturmbann-
führer Friedrich Hartjenstein;
KZ Auschwitz II (Buna-Mono-
witz): Außenlager, Kommandant
ist SS-Hauptsturmführer Heinrich
Schwarz.

30. November
Guido Buffarini Guidi, Innen-
minister der Italienischen Sozial-
republik, ordnet mit Polizeiver-
fügung Nr. 5 die Verhaftung und
Internierung der italienischen
Juden und die Konfiszierung ihrer
Güter im Landesgebiet an.

5. Dezember
Das Polizeihaft- und Durchgangs-
lager Fossoli in der Provinz
Modena wird offiziell eröffnet.
Dorthin werden verhaftete Juden
gebracht, bis die nötige Zahl für
einen Transport nach Auschwitz-
Birkenau erreicht ist.

7. Dezember
Nach den ersten Razzien wird
in Triest der erste Transport mit
jüdischen Gefangenen aus dem
Adriatischen Küstenland (OZAK)
Richtung Auschwitz zusammengestellt.

14. Dezember
In Birkenau werden die neuen
Anlagen für die Aufnahmeproze-
duren der neu Angekommenen
(Zentralsauna) und der Sektor
für die Lagerung der geraubten
persönlichen Gegenstände der
Opfer (Effektenlager oder *Kanada
II*) in Betrieb genommen.

1944
Februar
Im Gebiet des Adriatischen
Küstenlandes wird ein Polizeihaft-
lager in der ehemaligen Reisschäl-
anlage in Triest, der *Risiera* von

San Sabba, eingerichtet. Für die Juden ist es ein Durchgangsort, daneben befindet sich auch ein Lager für die geraubten Gegenstände.

22. Februar

Aus dem Lager Fossoli fährt der erste Transport mit Juden nach Auschwitz ab. Darunter ist auch der Schriftsteller Primo Levi (er bekommt in Auschwitz die Nummer 174517).

8. März

In Birkenau beschließen die Nazis, die Juden aus Theresienstadt zu vernichten, nachdem sie sie zu propagandistischen Zwecken gezwungen haben, Postkarten mit tröstenden Nachrichten an ihre Familien und Bekannten zu schreiben.
In der ersten Phase werden 3.791 Menschen ermordet, außer einigen Ärzten und Zwillingen, die für Mengele und seine Experimente zurückgestellt werden.
Am 10. und 12. Juli findet die endgültige Auflösung von Sektor BIIb statt:
Es werden weitere 7.000 Menschen ermordet.

4. April

In Birkenau trifft der Transport ein, der wenige Tage zuvor in Triest losgefahren ist. Von den mehr als 130 deportierten Juden werden nur 29 Männer (mit den Nummern 179587 bis 179615) und 53 Frauen (mit den Nummern zwischen 76460 und 76516) im Lager aufgenommen. 14 von ihnen überleben das Lager, unter ihnen die Schwestern Andra und Tatiana Bucci.

11. April

In Birkenau trifft ein Transport aus Griechenland mit etwa 1.300 Juden ein, die in Athen verhaftet wurden. Unter ihnen ist Shlomo Venezia, einer der wenigen Überlebenden des Sonderkommandos im Lager.

Mai

In Anbetracht der Ankunft von mehr als 400.000 Juden aus Ungarn in der zweiten Monatshälfte wird das Bahngleis bis ins Innere des Lagers Birkenau verlängert.

9. Mai
Rudolf Höß befiehlt, fünf Massengräber neben Krematorium V für das Verbrennen der Leichen unter freiem Himmel auszuheben und den Bunker II wieder zu reaktivieren.

26. Juni
Die Alliierten machen Luftaufnahmen des Komplexes von Auschwitz. Auf den Fotos sind die Todesanlagen von Birkenau zu erkennen.

Juli
Im Frauenlager von Birkenau (BIa) wird in der Holzbaracke Nr. 1 ein Kinderblock eingerichtet. Hier werden auch Andra und Tatiana Bucci untergebracht (in den vorangegangenen Monaten waren Zwillingspärchen im Block 22 untergebracht, während männliche Zwillinge, Kleinwüchsige und Behinderte in Block 15 des Männerkrankenbaulagers, Sektor BIIf, schliefen).

13. Juli
Auf der Insel Rhodos, damals italienische Provinz, findet eine großangelegte Razzia statt.

23. – 24. Juli
Die Rote Armee befreit das erste Konzentrationslager der Nazis, Lublin-Majdanek. Die Soldaten finden Beweisstücke, die die Nazis nicht mehr rechtzeitig vernichten konnten.

1. August
Das Sonderkommando von Birkenau erreicht seinen personellen Höchststand von ca. 900 Personen.

2. August
In Verona fährt ein »gemischter« Transport ab, hauptsächlich sind es die letzten Juden, die noch in Fossoli interniert waren.

2. – 3. August
In Birkenau geht die Liquidierung des sogenannten Zigeunerlagers (BIIe) weiter. 2.897 Menschen werden in den Gaskammern ermordet.

4. Oktober
Im Polizeilichen Durchgangslager Bozen wird der letzte Transport nach Auschwitz zusammengestellt, nach der Schließung des Durchgangslagers Fossoli.

7. Oktober
Die Männer des Sonderkommandos von Birkenau zetteln einen verzweifelten und heldenhaften Aufstand an. Sie töten drei SS-Leute, verletzen 15 und legen das Krematorium IV lahm. Die Nazis reagieren mit äußerster Härte und töten 450 von ihnen (das Sonderkommando bestand zu dem Zeitpunkt aus 663 Männern). Eine Woche später beginnt die Demontage des Krematoriums durch die Männer des Sonderkommandos.

1. November
In Triest wird der letzte Transport nach Auschwitz zusammengestellt.

2. November
Wahrscheinlich setzen die Nazis die Vergasung der Juden in Auschwitz-Birkenau aus. Ab diesem Datum werden die zum Tode selektierten Gefangenen im Krematorium V oder in der Nähe davon mit Schusswaffen getötet. Am 26. des Monats befiehlt Himmler die Zerstörung der Krematorien.

26. November
20 Kinder aus dem Kinderblock 1 werden ausgewählt, darunter auch der kleine Sergio De Simone. Sie verlassen zusammen mit vier weiblichen Gefangenen und einer SS-Wache das Lager. Sie kommen zwei Tage später im KZ Neuengamme an, wo sie für Versuche mit Tuberkulosebakterien missbraucht werden.

1945

17. Januar
In Auschwitz-Birkenau findet der letzte Generalappell statt:
Stammlager Auschwitz:
10.030 Männer, 6.196 Frauen;
Birkenau: 4.473 Männer,
10.381 Frauen
Monowitz: 10.223 Internierte.
Insgesamt wurden in Auschwitz und den dazugehörigen Außenlagern 66.020 Inhaftierte gezählt.
Im Männerkrankentrakt (BIIf) von Birkenau zerstört der SS-Arzt Josef Mengele den Bereich für die Versuche an Zwillingen, Kleinwüchsigen und Verkrüppelten und lässt kompromittierendes Material verschwinden.

18. Januar
Die Nazis beginnen mit der
Evakuierung des Komplexes
Auschwitz I. Die Gefangenen
werden auf den sogenannten
Todesmärschen in andere Lager
im Inneren des Reichsgebietes
»verlegt«. Im Lager bleiben nur
die Gefangenen zurück, die
nicht mehr laufen können.

23. Januar
In Birkenau zündet die SS die
Baracken des Effektenlagers
Kanada II an. Zwei Tage später
geht der Sicherheitsdienst (SD)
dazu über, die Gefangenen, die
nicht mehr laufen können, zu
erschießen. Am 26. Januar zerstört
eine SS-Einheit (laut einigen
Quellen unter dem Kommando
von Mengele) mit Dynamit auch
das Krematorium V.

27. Januar
Die sowjetischen Truppen
erreichen Auschwitz. Im Lager
sind kaum mehr als 7.000 Menschen verblieben, darunter die
Schwestern Bucci.
Die russischen Soldaten finden im
Lager enorme Mengen an Material, das die Deutschen nicht mehr

weiterverwerten oder vernichten
konnten, darunter 1.185.345
Kleidungsstücke, 43.255 Paar
Schuhe, 13.694 Decken sowie
eindrucksvolle Mengen an
Zahnbürsten, Brillen, Rasierpinsel
und andere Dinge des täglichen
Gebrauchs. Zudem finden sie
400 Kunstgegenstände und etwa
sieben Tonnen Haare, die den
Opfern abrasiert worden waren.
Darüber hinaus finden sich
bemerkenswerte Dokumente,
von denen einige die Pläne zur
Erweiterung des Lagers beinhalten.

20. April
Die 20 Kinder, die in Neuen-
gamme medizinischen Versuchen
unterzogen wurden, werden im
Keller der Schule am Bullenhuser
Damm in Hamburg ermordet.
Am 2. Mai erreichen die britischen
Truppen das KZ Neuengamme
und finden es leer vor.

1947
11.-29. März
In Warschau findet der Prozess
gegen den Ex-Lagerkommandan-
ten Rudolf Höß statt. Das Oberste
Nationale Tribunal Polens verur-
teilte ihn zum Tod. Er wurde am

16. April im Ex-Lager Auschwitz I erhängt.

24. *November*
In Krakau beginnt der Prozess gegen 40 ehemals hohe Funktionäre von Auschwitz-Birkenau, darunter Maximilian Grabner, Leiter der Politischen Abteilung; Erich Mußfeldt, Leiter der Krematorien; Maria Mandl, Oberaufseherin des Frauensektors in Birkenau; Arthur Liebehenschel, zweiter Kommandant von Auschwitz; Hans Aumeier, Schutzhaftlagerführer; Johann Kremer, Lagerarzt.
Der Prozess endet am 22. Dezember mit 23 Todesurteilen, sechs lebenslangen Haftstrafen, anderen niedrigeren Strafen und nur einem Freispruch, die des SS-Lagerarztes Hans Münch, dem ehemaligen Assistenten von Mengele.

werden 19 weitere Personen angeklagt. Richard Baer, der dritte Kommandant von Auschwitz-Birkenau, stirbt im Gefängnis noch vor Beginn des Prozesses.
In 183 Verhandlungstagen werden 359 Zeugen gehört, 248 von ihnen haben das Lager überlebt.
Der Prozess, der zur Verurteilung von 17 Personen führt, macht sowohl dem deutschen Volk als auch der internationalen Staatengemeinschaft die in Auschwitz-Birkenau begangenen Verbrechen bekannt.

1965

20. Dezember 1963 – 20. August
In Frankfurt am Main findet der wichtigste Prozess gegen die SS-Angehörigen des Lagers Auschwitz statt. Der Hauptangeklagte ist Robert Mulka, der Adjutant von Höß; mit ihm